ARKANA

Neale Donald Walsch

Ganzheitlich leben

Wegweisungen für den Alltag

Aus dem Englischen von
Susanne Kahn-Ackermann

ARKANA
Goldmann

Die Originalausgabe erschien unter dem Titel
»Neale Donald Walsch on Holistic Living.
Applications for Living«
bei Hampton Roads Publishing Company, Inc.,
Charlottesville, VA, USA.

Umwelthinweis
Dieses Buch wurde auf chlorfrei gebleichtem Papier gedruckt.
Die Einschrumpffolie (zum Schutz vor Verschmutzung)
ist aus umweltfreundlicher und recyclingfähiger PE-Folie.

1. Auflage

Wilhelm Goldmann Verlag, München
in der Verlagsgruppe Bertelsmann GmbH
Published by arrangement with
Hampton Roads Publishing Co. Inc.
Vermittelt von der Literarischen Agentur
Thomas Schlück GmbH, 30827 Garbsen
Umschlaggestaltung: Design Team München
Umschlagfoto: Tony Stone/Anthony Marsland
Redaktion: Annette Gillich
Satz: Uhl + Massopust, Aalen
Druck: Presse-Druck, Augsburg
Printed in Germany
ISBN 3-442-33631-7

Für Dennis Weaver

Schauspieler, Freund und Partner auf dem Weg.

Er ehrt das Göttliche in jedermann.
Er liebt die Erde und wandelt auf ihr in Anmut.
Er behandelt seinen Körper als einen Tempel
des lebendigen Geistes.
Er ist ein lebendes Beispiel für ein
ganzheitliches Leben.

Einleitung

»Den Weg gehen«, was bedeutet das? Was heißt es, ein ganzheitliches – und ein heiliges – Leben zu führen? Wie sieht das aus? Gibt es einen Weg, die Botschaften, die sich in der großen spirituellen Literatur finden, im Alltag zu leben?

Das sind die Fragen, die sich alle Suchenden stellen. Die Antworten darauf sind uns viele Male, auf vielfältigste Weise, aus vielen verschiedenen Quellen gegeben worden. Und doch leben wir nicht danach. Im allgemeinen schenken wir den Worten jener, die uns spirituelle Führung anbieten, keine Aufmerksamkeit. Die Folge ist, daß wir von unserem Weg abgekommen sind. Die *Welt* ist von *ihrem* Weg abgekommen. Aber wir haben nicht mehr die Zeit herumzuirren. Die

Zeit wird knapp. Für uns alle Einzelpersonen und für die ganze Menschheit.

Jeder Tag, der vergeht, ist ein Tag weniger, den Sie hier auf der Erde in Ihrem Körper sein werden und tun, wozu Sie hierhergekommen sind. Sind Sie sich im klaren darüber, was das ist? Und ist es das, worauf Sie abzielen? Oder vergeuden Sie Ihre Zeit? Verbringen Sie immer noch die meiste Zeit mit dem Suchen, Herumwandern und Fragen? Wenn das der Fall sein sollte, dann fordere ich Sie jetzt dazu auf, damit aufzuhören. Die Antworten sind hier, sie wurden uns bereits gegeben. Sie finden sich in allen großen Weisheitslehren. Und sie sind uns jetzt zugänglicher als je zuvor. Wir sind nicht mehr darauf angewiesen, daß diese Wahrheiten durch mündliche Überlieferung oder durch ein paar verlorene und schließlich aufgefundene Pergamente an uns weitergeben werden. Wir verfügen über die Massenmedien und das World Wide Web. Es gibt einen weltweiten Vertrieb von Büchern, Tonbandkassetten und Videos, der uns alles innerhalb weniger Tage ins Haus bringt. Suchende müssen heutzutage wahrhaftig nicht weit gehen, um zu finden.

In Wirklichkeit mußten wir das nie. Die Antworten waren schon immer da, in unserem Innern. Das ist eine Wahrheit, zu der mich alle diese seit neuestem zugänglichen Informationen geführt haben.

Wie Sie, habe auch ich mich lange Zeit gefragt, wie man ein besseres Leben führen kann. Vor ein paar Jahren begann ich, Antworten auf meine Fragen zu bekommen, und ich glaube, daß sie von Gott kamen. Als ich sie damals erhielt, war ich von dem, was ich da bekam, so stark beeindruckt, daß ich beschloß, die Antworten zu protokollieren. Daraus entstanden die drei Bände von *Gespräche mit Gott*, die weltweit zu Bestsellern wurden.

Es ist nicht nötig, daß Sie meinen Glauben an die Quelle dieser Antworten teilen, um Nutzen daraus zu ziehen. Sie brauchen nur für die Möglichkeit aufgeschlosen zu bleiben, daß es da etwas geben könnte, das die meisten Menschen in bezug auf ein ganzheitliches Leben nicht verstehen, das aber alles verändern könnte, wenn man es schließlich begreift.

In ebendieser Geisteshaltung versammelte sich im Januar 1999 eine Gruppe von etwa vierzig Personen in einem Haus bei San Francisco, um gemeinsam mit mir zu erkunden, was die *Gespräche mit Gott* zum Thema ganzheitliches Leben zu sagen haben. Ich vermittelte der Gruppe alle meine Erkenntnisse über das Material, das sich darüber in den Dialogen findet und antwortete auf Fragen. Die positive Energie dieses Nachmittags war ein geradezu elektrisierendes Erlebnis und führte zu einem frei fließenden Strom wunderbarer Weisheit, der zu meiner Freude auf Video und Tonband aufgenommen wurde und inzwischen in überarbeiteter Fassung der Öffentlichkeit zugänglich ist.

Dieses Buch ist eine Transkription dieses Ereignisses und wirkt meiner Ansicht nach viel flüssiger und anregender als ein Text, der von vornherein für eine Buchpublikation konzipiert wird. Und da es keine Begrenzungen für den Umfang gab, konnten wir Material mit aufnehmen, das sich auf dem Video und auf der Tonbandkassette, die aus Produktionsgründen gekürzt werden mußten, nicht findet.

Die Führung, die uns hier gegeben wird, bietet keine Überraschungen. Wie ich schon sagte, haben wir auf die wichtigsten Fragen des Lebens auch schon früher Antworten bekommen, im Koran, in der Bagavad Gita, im Tao te King, in der Bibel, im Dhammapada, im Talmud, im Buch der Mormonen, in den Upanishaden, im Pali-Kanon und an hundert anderen Orten. Es geht nicht darum, wann wir die Antworten bekommen, sondern wann wir sie hören.

Es *ist* möglich, ein ganzheitliches Leben zu führen, und die außergewöhnlichen Erkenntnisse in den Bänden von *Gespräche mit Gott* zeigen uns, wie. Wieder einmal. Mit anderen Worten und gerade richtig zum Beginn des 21. Jahrhunderts.

Hier sind nun diese Erkenntnisse, so wie ich sie bekommen und verstanden habe. Ich teile sie mit Ihnen in aller Demut, und ich hoffe, daß Sie davon profitieren – wenn auch nur eine Bemerkung ein neues Fenster oder eine ganze Tür zu größerem Glück aufstößt.

Neale Donald Walsch
Juli 1999
Ashland, Oregon

Ganzheitliches Leben

❋

Ich heiße Sie willkommen. Schön, Sie alle hier zu haben. Wir werden heute über das ganzheitliche Leben sprechen: darüber, was es heißt, als ganzheitliche Person zu leben, und darüber, was uns davon abhält. Wir werden uns anschauen, warum wir nicht nur glauben, voneinander getrennt zu sein, sondern uns auch als von unserem eigenen Innern abgetrennt ansehen. Und ich möchte den Anfang machen, indem ich ein bißchen über jenen Aspekt unserer Lebenserfahrung in diesem Körper spreche, den wir Gesundheit nennen.

Als ich meinen Dialog mit Gott begann, hatte ich gesundheitlich einen absoluten Tiefpunkt erreicht. Ich meine, mein Körper fiel buchstäblich auseinander. Ich hatte starke Arthritis, die die meiste Zeit sehr, sehr schmerzvoll war. Ich hatte zudem eine schwere Fibromyalgie. Ich hatte einige Probleme mit dem Herzen, die mir ständig zu schaffen machten. In einem Jahr hatte ich sogar Magengeschwüre. Ich will damit sagen, daß mit meinem Körper eine ganze Menge los war. Heute fühle ich mich gesünder als vor zehn Jahren. Und wahrscheinlich sehe ich auch ein bißchen gesünder aus als vor zehn Jahren – obwohl das kein großes Kunststück wäre. Und angesichts all meiner Erfahrungen möchte ich Ihnen nun einfach erzählen, was mir in meinem Gespräch mit Gott zum Thema Gesundheit übermittelt wurde.

Als erstes wurde mir etwas gesagt, das zu den erstaunlichsten Dingen gehört, die mir je über mich gesagt wurden. »Neale, die Schwierigkeit mit dir«, so sagte Gott zu mir, »ist die, daß du keinen Lebenswillen hast.«

»Nein, nein, nein«, erwiderte ich. »Das stimmt

nicht. Natürlich will ich leben. Was du da sagst, ist abartig und albern.«

Und Gott sagte. »Nein, nein, du willst nicht leben. Denn wenn du leben wolltest, würdest du dich anders verhalten, als du es jetzt tust. Ich weiß, du denkst, daß du leben willst, aber das kann nicht wirklich sein. Und mit Sicherheit ist ganz klar, daß du nicht in alle Ewigkeit leben willst. Denn wenn du das wolltest, würdest du nicht die Dinge tun, die du tust.«

Und ich fragte: »Wieso, was meinst du denn damit?«

Und da zeigte mir Gott die Dinge, die ich tat, und die dem Universum signalisierten, daß ich mich nicht gerade sehr darum bekümmerte, was mit meinem Körper passierte. Zum Beispiel rauchte ich damals. Und Gott sagte zu mir: »Du kannst nicht rauchen und behaupten, daß du wirklich einen Lebenswillen hast. Denn Rauchen bringt dich ganz sicher vorzeitig um.«

Nun, diese Tatsache muß inzwischen nicht

mehr bewiesen werden. Sie können natürlich sagen: »Ich habe wirklich den Willen zu leben und ich habe vor, ein langes und vitales Leben zu führen« und in diesem Moment an Ihrer Zigarette ziehen. Doch dann mißachten Sie alle Beweise, die darauf hindeuten, daß ein langes und fruchtbares Leben, wie wir es verstehen, auf diese Weise nicht geführt werden kann.

Ich habe hier jetzt ein albernes einfaches Beispiel angeführt. Oder da gibt es Leute, die Unmengen rotes Fleisch verzehren. Ihnen möchte ich einfach nur sagen: alle Dinge in Maßen. Ich kenne Menschen, die praktisch bei jeder Mahlzeit rotes Fleisch essen. Tatsächlich können sie sich eine Mahlzeit ohne gar nicht vorstellen. Das ist in Ordnung. Daran ist nichts falsch. Es geht hier nicht um richtig oder falsch. Es geht hier nur um das, was im Rahmen der menschlichen Erfahrung funktioniert und was nicht.

Bei manchen unserer Entscheidungen in bezug auf unsere Lebensführung geht es um nicht ganz so eindeutige Dinge. Es geht nicht um zuviel Alkohol oder um halluzinogene Drogen oder irgend etwas, das uns ganz offensichtlich nicht zuträglich ist. Bei manchen Dingen geht es um etwas sehr viel Subtileres. Es gibt eine Art mentale Diät oder mentale Nahrungsaufnahme in Form von Ideen und Gedanken, welche uns nicht dienlich sind und nicht gestatten, ein gesundes Leben zu führen.

Ich habe zum Beispiel bei meinen Gesprächen mit Gott herausgefunden, daß alles, was nicht eine absolut positive Einstellung im Leben ist, Leiden herbeiführen kann. Mir wurde zu Bewußtsein gebracht, daß auch die winzigsten Negativitäten, wenn wir sie ständig wiederholen, uns immer wieder auf sie einlassen, sich letztlich in einer Weise im menschlichen Körper auswirken, die wir dann Krankheit oder Leiden nennen. Und ich war überrascht, wie oft ich mich dabei ertappte, keine ausgesprochen positiven Gedanken zu haben. Das waren kleine Gedanken wie: »Ich kann doch nie gewinnen« oder: »Das wird bei mir nie eintreten« oder auch sehr viel stärkere negative Gedanken.

Und so begann ich zu lernen, meine Gedanken zu kontrollieren, um nicht von den negativen Energien umgeben zu sein, die von diesen negativen Gedanken angezogen werden. Das gilt vor allem für meine Gedanken über andere Menschen.

Als ich noch jünger war, empfand ich nicht nur eine starke Abneigung gegenüber bestimmten Personen, sondern erlaubte mir, um ganz ehrlich zu sein, an solchen Gedanken und Empfindungen geradezu *Spaß zu haben.* Ich meine, auf einer bestimmten Ebene gaben sie mir sogar ein gutes Gefühl.

Es kommt mich hart an, das zuzugeben, aber da war ein Teil in mir, der sich in der Wut, die ich auf einige Leute hatte, oder in der Abneigung, die ich gegenüber bestimmten Personen empfand, richtig suhlte. Und es war mir bis vor kurzem gar nicht bewußt, daß diese Wut und Abneigung einen bestimmten Teil von mir nährten, ebendiesen Aspekt meiner Person mit sehr schädlichem Zeug fütterten.

Menschen, die wütend oder zornig sind – auch wenn sie es nur ein bißchen, aber doch beständig sind –, bekommen plötzlich einen Herzanfall, Magenprobleme, entwickeln Geschwüre und befinden sich allgemein in einer schlechten körperlichen Verfassung.

Oder um es anders auszudrücken: Ich kenne nur sehr, sehr wenige Leute, die stets fröhlich und ewig krank sind. Vermutlich gibt es Ausnahmen, die die Regel bestätigen. Aber Sie werden feststellen, daß sich das Maß an Positivität, mit dem jemand durchs Leben geht, fast immer in Übereinstimmung mit dem Maß an Gesundheit dieses Menschen befindet. Und umgekehrt stellen wir fest, daß Menschen, die nicht gesund sind, die immer einen Anfall von diesem oder jenem, die chronische Krankheiten und Leiden haben, sehr oft Leute sind, die es sich erlaubt haben, negativ über das Leben zu denken und sich mit negativen Energien zu umgeben.

Die Energie, die unter diesen negativen Energien eine Vorrangstellung einnimmt, ist die Wut bzw. der Groll. Ich spreche von Menschen, die anderen wegen der Rolle, die diese früher in ihrem Leben gespielt haben, grollen. Und von Menschen, die in ihrem gegenwärtigen Leben den Schmerz jener früheren Tage und Zeiten mit sich tragen, so als würden sich alle diese Dinge in diesem Moment ereignen.

Ich meine, man kann manchmal die Leute ansehen und – quasi auf einer Skala von eins bis zehn – an ihnen ablesen, welches Maß an Schmerz sie mit sich herumschleppen. Ein Schmerz, der zweifellos für sie sehr real ist. Doch einer, der ihnen nicht länger dient und sehr wenig mit dem Hier und Jetzt, sondern vielmehr mit dem Dort und Damals zu tun hat. Und diese Menschen lassen ihren Schmerz einfach nicht los, weil sie denken, daß sie es nicht können. Nicht, daß sie es nicht wollen, aber sie haben sich selbst absolut davon überzeugt, daß sie es nicht können.

»Neale, du verstehst das nicht. Wenn dir passiert wäre, was mir passiert ist, dann würdest du es verstehen. Aber du verstehst das eindeutig nicht.« – Sie gestatten im Grunde auch niemandem, den Schmerz von ihnen zu nehmen, selbst wenn es möglich wäre. Denn wenn sie diesen Schmerz losließen, würden sie auch all den Kram loslassen, der rechtfertigt, wie und was sie sind und was sie all diese vielen Jahre ausgemacht hat. Und das, obwohl die ursprüngliche Verletzung oder zerstörerische Erfahrung in manchen Fällen bereits acht, zehn, fünfzehn, zwanzig oder dreißig Jahre her ist.

Aber daran festzuhalten und es über all diese Zeit hinweg zum Teil ihrer lebendigen Realität zu machen, bewirkt natürlich nichts weiter, als daß es der Person, die den ursprünglichen Schaden anrichtete, gestattet, weitere dreißig Jahre lang diesen Schaden anzurichten – und das immer und immer wieder.

Wie ich bereits sagte, kennen wir alle solche Leute, und manchmal rühren sie unser Herz. Sie fragen sie: »Was kann ich tun? Wie kann ich dir helfen, damit du bemerkst, daß jenes damals war, und das hier heute ist und daß du nicht daran festhalten mußt?«

Ich kann Ihnen sagen, nichts schädigt den menschlichen Mechanismus, den menschlichen Organismus, dieses biologische Haus, in dem wir wohnen, schneller und gründlicher als solche ungelösten negativen Gedanken oder Emotionen, die wir von irgendeinem »gestrigen Augenblick« her mit uns herumschleppen, und von dem wir meinen, daß er so ziemlich über das Wer und Was wir sind und sein werden entschieden hat.

Also ist einer der ersten Schritte hin zum ganzheitlichen Leben die Vergebung. Und solange wir nicht das göttliche Heilen erlernt haben, solange wir nicht den Balsam der Vergebung auf unsere

Wunden gestrichen haben, werden diese Wunden in unserem Innern eitern, noch lange nachdem die äußerlichen Narben verschwunden sind. Und dann werden wir mit dreißig oder vierzig oder einundfünfzig oder dreiundsechzig vor enormen körperlichen Herausforderungen stehen und nicht wissen, wo sie herrühren.

Ich las gestern auf dem Flug hierher in einer Zeitung von einem Mann, der mit einundvierzig Jahren an einem Herzinfarkt starb. Seine Freundin wählte die Notrufnummer, konnte aber niemanden an den Apparat kriegen, weil das System eine Stunde lang außer Betrieb war. Also starb der Mann. Ich dachte mir, daß er vermutlich ein ganz normaler gesunder Typ von einundvierzig Jahren war. Und er hat sich einfach so verabschiedet. Offensichtlich war in seinem Innern einiges los.

Eine der Lehren in meinen Gesprächen mit Gott, und eine der Aussagen in dem ganzen Material, die zu verdauen und zu akzeptieren ich mit die größte Mühe hatte, ist: *Jegliche Krankheit wird von euch selbst erschaffen.* Nun, das ist eine schwierige Angelegenheit, denn dann wollen wir uns gleich an einen anderen unserer Lieblingsorte begeben, den der Selbstkasteiung und des Schuldgefühls: »Warum tue ich mir das an?« Tatsache ist, wenn ich krank bin, hasse ich nichts mehr, als wenn so eine Person auf mich zukommt und mich fragt: »Warum tust du dir das an?« Ich bedanke mich dann bei ihr für ihr Mitgefühl. Anschließend murmle ich etwas von einem »hohen Roß«.

Es mag ein Körnchen Wahrheit darin stecken, aber ich halte eine derartige Konfrontation für nicht sehr nützlich. Wir könnten uns allerdings schon fragen: »Warum erschaffe ich das?« Aber noch wichtiger und sehr viel mehr auf den Punkt gebracht ist die Frage: »Was ist nötig, um davon wegzukommen?« Machen Sie sich also bewußt, daß wir uns auf einer bestimmten Ebene alle Krankheiten selbst erschaffen. Und wenn wir das erst einmal verstanden haben, dann werden wir vermutlich auch verstehen, daß die größte Krankheit von allen, die, die wir den »Tod« nennen, ebenfalls von uns selbst erschaffen ist.

Mir wurde gesagt, daß wir im Grunde nicht zu sterben brauchen, aber daß wir alle aus den verschiedensten Gründen gewählt haben, letztlich unseren physischen Körper zu verlassen. Weil wir mit ihm fertig sind und wir dieses spezielle Leben und diese spezielle Form nicht länger brauchen, um das zu erreichen und zu vollbringen, was zu erreichen und vollbringen wir hierhergekommen sind. Meister und Meisterinnen, die das wissen und verstehen, verlassen ihren Körper auf sehr anmutige und würdevolle Weise, einfach so, wie wir ein Kleidungsstück ablegen, das wir nicht mehr nützlich finden, oder uns von einer Erfahrung entfernen, die uns nicht länger dienlich ist. Meisterinnen und Meister entfernen sich einfach von ihrer gegenwärtigen körperlichen Form und sagen: »So sei es, das ist das Ende davon. Und jetzt auf zum nächsten großen Abenteuer und dem nächsten herrlichen Ausdruck von dem, was und wer ich wirklich bin.«

Es besteht eine gewisse Distanz gegenüber dieser speziellen physischen Form oder eine gewisse Losgelöstheit, wenn Sie so wollen. Aber solange wir diese Form haben und uns das auch gefällt, ist es doch sehr nett, wenn wir hierbei von einem Ort der Gesundheit und Kraft und Energie ausgehen können. Und das ist möglich, indem wir nur ein paar ganz einfache Regeln befolgen, ein paar Gesundheitsregeln, die wir alle kennen. Doch viele von uns glauben, nicht imstande zu sein, sich an diese Regeln zu halten. Das erste, was Gott also im Kapitel über Gesundheit in *Gespräche mit Gott* zu mir sagte, war: »Kümmere dich um Himmels willen besser um dich selbst. Ich meine, du kümmerst dich mehr um dein Auto als um deinen Körper. Und das will übrigens nicht viel heißen.

Du bringst dein Auto häufiger zum Check-up als deinen Körper. Und du nimmst häufig einen Ölwechsel an deinem Auto vor, als du ein paar deiner Gewohnheiten und einige der Dinge, die du deinem Körper einverleibst, veränderst. Also kümmere dich um Himmels willen besser um deinen Körper.«

Ich möchte Ihnen nur ein paar einfache, um nicht zu sagen, stark vereinfachende Rezepte an die Hand geben.

Nummer eins: Trainieren Sie Ihren Körper. Machen Sie jeden Tag irgend etwas, das ihm erlaubt, sich genutzt und trainiert zu fühlen, auch wenn es nur ein bißchen ist. Es ist erstaunlich, was schon fünfzehn oder zwanzig Minuten am Tag für den menschlichen Körper bewirken können.

Zweitens: Achten Sie darauf, was Sie Ihrem Körper einverleiben. Schauen Sie, ob es Ihnen guttut, dauernd irgendwelchen Mist in ihn hineinzustopfen. Lassen Sie das Zeug, das ihm nicht bekommt, beiseite. Ich spreche nicht von den offensichtlichen Dingen wie Zucker, Süßigkeiten, Fett und all dem Zeug, das uns eindeutig nicht guttut. Ich meine, daß Sie auf Ihren Körper hören sollten, bei allem, was Sie essen. Ich habe in den letzten Monaten als Folge meiner neuen Ideen über die Nahrungsmittel, die mein Körper braucht, eine ganze Menge Gewicht verloren. Und jetzt bin ich, zumindest im Vergleich zu meinem Zustand von vor einem Jahr, ein bißchen dünner und drahtiger.

Nun ist es nicht so, daß dünn besser oder korpulent nicht so gut ist. Darum geht es nicht. Wenn Sie sich mit Ihrem gegenwärtigen Gewicht wohl fühlen, dann ist das gut, dann ist das wunderbar. Aber wenn Sie sich damit nicht allzu wohl fühlen, wenn Sie anfangen, ein bißchen schwerfällig zu gehen und sich irgendwie beeinträchtigt fühlen, dann wollen Sie vielleicht ein paar ganz einfache Vorsichtsmaßnahmen ergreifen. Es genügen wirklich wenige grundlegende Verhaltensweisen, um gesund zu bleiben. Körperübungen und darauf zu achten, was und wieviel Sie essen gehören dabei natürlich zu den offensichtlichen Dingen, aber wie ich schon sagte, passen Sie auch auf Ihre mentale Diät auf.

Doch ganzheitlich gesehen ist das nur der Anfang. Ganzheitliches Leben beginnt auf dieser ziemlich einfachen Ebene, es bewegt sich jedoch hin zu einem Ausdruck des Selbst, der heil und vollständig ist. Dort endet es auch, und dann spricht man davon, daß jemand ein heiliges Leben führt. Das bedeutet, daß wir auf allen drei Ebenen der Schöpfung agieren und auf allen sieben Energieebenen, die wir die Chakras des menschlichen Körpersystems nennen. Ganzheitliches Leben bedeutet, daß wir die mit diesen Chakras verbundenen Erfahrungen nicht aufgeben und diese uns durchfließenden Energien nicht ignorieren.

Dabei möchte ich hier speziell auf unsere sexuelle Energie zu sprechen kommen, weil darüber, wie man ein ganzheitliches Leben und ein spirituelles Leben lebt, eine ganze Menge gesagt worden ist.

Manche Leute haben geäußert, daß ein hochspirituelles Leben verlangt, zölibatär oder keusch oder asexuell – wie immer Sie wollen – zu leben, also die sexuelle Energie zu verleugnen. Diese Leute glauben, daß Menschen, die ganz offenkundig ihre sexuellen Bedürfnisse ausleben, die große Freude am Ausdruck ihrer menschlichen Sexualität finden und sie in vollen Zügen genießen, zwar okay, aber nicht wirklich sehr hoch entwickelt sind.

Es gibt ein ganzes philosophisches Lehrsystem, das sich darum rankt, daß heilige Menschen wenig oder gar nichts mit Sex zu tun haben. Diese Lehre ist in manchen Traditionen so stark vertreten, daß man jeglicher sexuellen Erfahrung abschwören und sich ihr verweigern muß, um sich als Angehöriger dieser Kultur oder Gesellschaftsschicht bezeichnen zu können.

Ich fragte Gott danach, denn das interessierte mich sehr. Ich fragte: »Gott, stimmt es, daß ich, um ein wirklich ganzheitliches Leben führen und den großartigsten Teil dessen, wer ich bin, erfahren und zum Ausdruck bringen zu können, wirklich und wahrhaftig...« (und ich wollte, wie ich gestehen muß, schon beinahe sagen) »... den niedrigsten Teil dessen, der ich bin, verleugnen muß?« Und ich meinte hier noch nicht einmal den niedrigsten Teil im Sinne des untersten Chakras. Ich meinte den niedrigsten Teil im Sinne meines Denkens darüber.

Mir schien, daß dieses Ding, das ich meine Sexualität nannte, der niedrigste von allen meinen Aspekten war. Er war ein Teil meines Wesens, den ich zwar anzuerkennen bereit war, allerdings nicht so offen, nicht allzu augenfällig. Ich war auf ihn – außer unter bestimmten Umständen und in bestimmten Augenblicken meines Lebens – auch nicht gerade stolz. Es war also diese Scham, diese gewisse Verlegenheit damit verbunden, die ich in meinem Leben häufig gespürt habe. Zum Beispiel wurde mir als Kind das Gefühl vermittelt, daß solche Dinge, die mit Sex zu tun haben, irgendwie nicht richtig, daß sie schmutzig seien. Ich kann mich da an eine Szene erinnern. Ich war ungefähr zwölf oder dreizehn Jahre alt, vielleicht auch ein bißchen jünger, und ich zeichnete Frauen. Ich malte Bilder aus Zeitschriften ab und schwelgte, Sie wissen schon, in den wunderbaren Kurven… und in dieser wundervollen kleinen Erregung, die damit einhergeht. Was man eben so tut, wenn man zwölf ist und – wie soll ich sagen – ein bißchen ungezogen sein möchte. Was immer daran ungezogen sein mag. Jedenfalls erinnere ich mich, daß ich damit beschäftigt war.

Und meine Mom kam ins Zimmer und erwischte mich dabei, wie ich nackte Frauen zeichnete. Ich liebte meine Mutter natürlich. Sie war eine wunderbare Person; inzwischen ist sie gestorben. Aber ich erinnere mich an diesen Augenblick sehr gut, weil ich sehr, sehr verlegen war. Denn ihre Reaktion bestand in blankem Entsetzen darüber, daß ihr Sohn dasaß und nackte Ladys zeichnete.

»Was tust du da?« fragte sie. Und der Ton in

ihrer Stimme ließ mich erahnen, daß es wahrscheinlich nichts war, womit ich mich beschäftigen sollte. Und natürlich war ich in dieser Lebensphase mit *nichts anderem* beschäftigt... wie auch übrigens noch eine ganze Reihe von Jahren danach... und selbst bis auf den heutigen Tag – bis zu einem gewissen Grad...

Heutzutage kann ich das genießen. Heutzutage kann ich lachen und mich an dem Teil von mir freuen, der zugeben und bestätigen kann, daß ich immer noch an der Betrachtung der menschlichen Gestalt Vergnügen finde, vor allem an der weiblichen Gestalt. In bestimmten Fällen stimuliert mich das. Und das ist nichts Richtiges oder Falsches, es ist einfach das, was es für mich ist.

Aber ich brauchte fast ein halbes Jahrhundert – man stelle sich das vor –, um dahin zu gelangen, daß ich nicht mehr das Gefühl hatte, mit einer solchen Aussage zugleich kundzutun, daß ich irgendwie weniger entwickelt, vielleicht ein bißchen weniger spirituell, vielleicht ein bißchen weniger dieses oder jenes war. Und das hatte mit vielen, vielen Episoden – so wie jener, als mich damals meine Mutter beim Zeichnen von nackten Frauen erwischte – zu tun. Es gab eine ganze Menge solcher Erlebnisse, bei denen man mich spüren ließ, daß diese definitiv unstatthaft waren, daß wirklich entwickelte Menschen derartige Erfahrungen nicht machten.

Und dabei ging es nicht nur um eine kindliche Ungehörigkeit, obwohl an meinem Tun gar nichts Ungehöriges war. Es ging um weitaus mehr als das. Es ging um unsere Vorstellungen als Erwachsene (und darauf werde ich noch einmal zurückkommen), was es bedeutet, ein entwickelter und heiliger Mensch zu sein; und daß solche Menschen sich einfach nicht auf solche Energien einlassen und keine derartigen Erfahrungen machen. Nun, sie tun es. Und vielleicht macht sie gerade das zu Heiligen.

Ich stellte also Gott die Frage: »Was hat es mit der Energie des unteren Chakras auf sich? Muß ich, um mich weiterzuentwickeln, diesen ganzen Erfahrungsbereich meiner selbst aufgeben?« Ich hatte alle diese Geschichten darüber gehört, wie man die Energie vom Wurzelchakra über das Solarplexus- und Herzchakra bis ins Scheitelchakra hinaufleiten muß und sich dann an diesem wunderbaren Ort befindet. Und daß man sich mit nichts unterhalb des Halses abgibt. So machen das die wahren Meister. Wahre Meister leben nicht in Bereichen unterhalb ihres Halses, sondern nur in denen vom Hals aufwärts.

Und ich habe mich immer gefragt: »Wie kann das sein? Hat Gott das wirklich so gewollt? Da muß doch noch mehr dahinterstecken.« Und dann erfuhr ich, daß wir für ein ganzheitliches Leben alle Energien oder Chakras oder Energiezentren des Körpers einsetzen sollen. Wir sollen uns voll auf das Wurzelchakra, auf das Solarplexuschakra, auf das Herzchakra und auf das höchste Chakra von allen einlassen. Wir sollen uns ganz auf alle unsere Chakras einlassen.

Und wenn wir erst einmal beim obersten angelangt sind, dann geht es nicht darum, die fünf unteren außen vor zu lassen, uns von dem da abzuschneiden... Ich meinte nicht, speziell das da abzuschneiden – davon rede ich nicht. Und ich weiß gar nicht, worüber Sie lachen. Sie dort drüben zuckte zusammen, als ich das sagte. Ich glaube, sie meint das Falsche... Es geht nicht darum, sich von diesen fünf unteren Chakras abzutrennen und nur in den oberen oder in diesem letzten zu verbleiben. So funktioniert das nicht. Es geht darum, daß Sie die Energie nach oben leiten, aber die Verbindung mit allen Chakras darunter beibehalten. Und dann leben Sie ganzheitlich.

* * *

Ein ganzheitliches Leben impliziert noch mehr als das – mehr als das Läutern der Gedanken oder das Loswerden von Negativität; mehr als nur seinen Körper zu trainieren, bewußt zu essen und gesund zu leben; mehr auch als aus allen Energiezentren, aus allen Aspekten heraus zu leben.

Es bedeutet eine Umstrukturierung des ganzen Lebens, neue Erkenntnisse darüber zu erlangen, wie das Ganze, wie der Prozeß, den wir Leben nennen, funktioniert. Und es beinhaltet, daß wir zu einer neuen Klarheit über die Ganzheitlichkeit unseres wahren Seinswesens kommen. Die meisten Menschen finden es heutzutage sehr schwer – im Grunde war es aber schon immer nicht einfach –, ein Leben aus der umfassenden Vorstellung von der Ganzheitlichkeit ihres wahren Wesens heraus zu führen. Und der Grund für diese Schwierigkeiten liegt darin, daß sie in ihrer Angst gefangen sind. Das Leben der meisten Menschen wird in dem einen oder anderen Maße von Angst bestimmt.

In *Gespräche mit Gott* wird uns gesagt, daß es nur zwei Orte gibt, denen alle Gedanken, Worte oder Taten entspringen: daß alles, was wir denken, sagen oder tun, seinen Ursprung in der Liebe oder aber in der Angst hat. Bei vielen Menschen ist es die Angst, die die meisten Gedanken, Worte und Taten beherrscht und erschafft. Und deshalb gehört zu den ersten Schritten hin zur Ganzheitlichkeit und einem ganzheitlichen Leben der, daß wir aus der Angst heraustreten und uns von ihr entfernen.

Einer meiner großen Lehrer sagte einmal einen Satz zu mir, den ich nie vergessen habe: »Neale, nenne deine Ängste Abenteuer.« Ist das nicht großartig? Nenne deine Ängste Abenteuer! Als ich anfing, mich daran zu halten, begann ich mich von meiner Angst zu entfernen. Und ich machte mich auch daran, mir anzuschauen, was es war, vor dem ich mich letztlich so sehr fürchtete. Und natürlich war das letzten Endes Gott. Sehen Sie, ich dachte, Gott würde mir für all die Dinge, die ich war oder nicht war, nie vergeben; würde mir all die Fälle nicht verzeihen, in denen ich seine Erwartungen, die er meiner Vorstellung nach in mich setzte, nicht erfüllt hatte; würde mir all die

Male, die ich mich gemessen an Gottes Forderungen, so wie ich sie mir vorstellte, ungehörig benommen hatte, nie vergeben.

Und oh, diese Forderungen wurden aus allen Bereichen meiner Gesellschaft und von vielen, vielen Menschen in meinem Leben an mich gestellt. Und erst, als ich anfing, meine ganz eigene und persönliche Beziehung zu Gott aufzubauen und zu erfahren, konnte ich aus meiner Angst vor seiner Reaktion auf meine bisherige Lebensführung heraustreten.

Hier ist die Aussage, die Gott uns alle machen lassen möchte, auch dann, wenn wir uns unsere Litanei angeblicher Vergehen vor Augen führen: »Ich bin ohne Schuld und ich bin unschuldig.«

Das heißt nicht, daß ich noch nie in meinem Leben etwas getan habe, das ich jetzt nicht anders machen würde. Das heißt auch nicht, daß ich mich der Verantwortung für die Ergebnisse entziehen will, an denen ich mitgewirkt habe. Aber es heißt, daß ich keines Verbrechens schuldig bin.

Wenn es ein Verbrechen ist, ein Mensch zu sein, dann bin ich schuldig. Wenn es ein Verbrechen ist, eine sich entwickelnde Wesenheit zu sein, dann bin ich schuldig. Wenn es ein Verbrechen ist, ein wachsendes Bewußtsein, eine größere Sensibilität und ein größeres Verständnis vom Ausdruck dessen, der ich bin, zu entwickeln, dann bin ich schuldig. Aber wenn diese Dinge keine Verbrechen sind, und ich kann Ihnen versichern, im Reich Gottes sind sie das nicht, dann bin ich ohne Schuld, dann bin ich unschuldig. Und Gott wird mich nicht bestrafen, weil ich etwas irgendwie nicht auf die Reihe gebracht habe. Und Gott wird mich schon gar nicht bestrafen, weil ich etwas nicht so gemacht habe, wie jemand anders sagte, daß es richtig sei.

Nun, ich möchte Ihnen ein Erlebnis aus meiner Kindheit erzählen. Ich bin römisch-katholisch getauft und auch so erzogen worden, und man brachte mir natürlich schon in frühem Alter bei, das Kreuzzeichen zu machen. Das gibt es nicht nur bei den Katholiken, sondern zum Beispiel auch bei den Griechisch-Orthodoxen.

Also man lehrte mich – und bitte, ich möchte hier niemandem gegenüber respektlos sein – das Kreuzzeichen auf folgende Weise zu machen: »Im Namen des Vaters und des Sohnes und des Heiligen Geistes.« (Begleitet von entsprechenden Handbewegungen.) Die Griechisch-Orthodoxen machen es, wenn ich mich nicht irre, so. (Entsprechende Handbewegungen.)

Haben Sie einen Unterschied bemerkt? Ich berührte erst diese Schulter und dann diese, statt umgekehrt. Ich entsinne mich, daß mir, als ich in der dritten Klasse war, eine Nonne sagte, daß das die falsche Art und Weise sei, das Kreuz zu machen, und daß es so nicht funktioniere – oder jedenfalls habe ich sie damals in diesem Sinn verstanden.

Nun, es gibt alle möglichen Dinge, die wir auf die falsche Art tun können. Da gibt es Menschen, die sagen, daß du mindestens dreimal am Tag den

Teppich ausrollen und dich gegen Osten verneigen mußt. Da gibt es Menschen, die sagen, daß du nur vor einem ganz bestimmten Teil der Klagemauer stehen darfst. Und wenn du eine Frau bist, kannst du nicht bei den Männern stehen. Da gibt es Menschen, die sagen, daß du dieses und jenes Ritual durchführen mußt, sonst kannst du nicht in den Himmel kommen. So wurden wir mit diesen Vorstellungen und Gedanken von dem, was richtig und was falsch ist, und was Gott verlangt und nicht verlangt, vollgestopft. Und die Last der Schuldgefühle, die wir wegen der Dinge, die wir in unserem Leben getan haben, mit uns herumschleppen, ist beachtlich. Manche davon waren ganz unschuldige, rein aus der Kindhaftigkeit geborene Dinge. Und das ist am allertraurigsten, wenn ein kleines Kind dazu gebracht wird, sich wegen etwas, das es getan hat, schuldig zu fühlen.

Ich erinnere mich daran, daß ich so etwa elf war und mir im örtlichen Fast-food-Restaurant einen Hamburger genehmigte, als mir plötzlich einfiel:

»O mein Gott, es ist Freitag.« Ich war ein sehr gläubiger kleiner katholischer Junge und dachte, ich hätte eine Sünde begangen. Man hatte mir gesagt, daß es eine läßliche Sünde sei, am Freitag Fleisch zu essen. Und ich weiß noch, daß ich sehr aufgeregt war, weil ich dies getan hatte.

Als ich nach Hause kam, schaute meine Mutter mich nur an und fragte sofort: »Was ist los? Bist du okay? Hat dich jemand verprügelt? Was ist passiert?« Und ich sagte: »Nein, aber ich habe Fleisch gegessen. Ich habe vergessen, daß Freitag ist. Gott wird sehr böse auf mich sein.« Das habe ich mit meinen elf Jahren wirklich geglaubt. Ich war ganz verzweifelt darüber, denn ich war sehr gläubig – ich war sogar Ministrant.

Ich gestand also meiner Mutter, daß ich Fleisch gegessen und vergessen hatte, daß es Freitag war. Meine Mutter, Gott segne sie, nahm mich einfach nur in die Arme und sagte: »Mein Lieber, es ist okay. Ich bin ganz sicher, daß alles in Ordnung ist. Reg dich nicht darüber auf.«

Nun, meine Mutter war klug genug, um zu wissen, daß ich mit meinen elf Jahren wahrscheinlich noch nicht bereit war zu hören, daß Gott das alles völlig egal war. Erst Jahre später, als ich einundzwanzig wurde, konnte ich allmählich einen solchen Gedanken zumindest im Ansatz begreifen. Denn damals las ich zufällig eine riesige Schlagzeile auf der ersten Seite unserer Lokalzeitung: »Der Papst erklärt, daß es keine Sünde mehr ist, am Freitag Fleisch zu essen.« Und ich dachte: »Ist das nicht wunderbar! Jetzt kommen all die Menschen, die am Freitag Fleisch gegessen haben, aus der...« Natürlich kamen sie nie dafür in die Hölle, sondern nur ins Fegefeuer, weil das Fleischessen am Freitag nur eine Art moralisches Fehlverhalten und kein wirklich großes Verbrechen war.

Ich hoffe, Sie sehen es mir nach, daß ich hier Beispiele aus meiner eigenen Kindheit anbringe. Wir alle können, ungeachtet unserer religiösen Herkunft, Geschichten darüber erzählen, wie wir dazu gebracht wurden, uns wegen aller möglichen Dinge schuldig zu fühlen.

Nun, ich muß Ihnen sagen, wenn sich das nur auf geringfügige Sachen beschränken würde (»kleine Kartoffeln«, wie mein Vater gesagt hätte), dann wäre das alles kein Problem. Aber die Wahrheit ist, daß die Hälfte der Menschheit riesige Schuldgefühle wegen Dingen mit sich herumschleppt, die ganz einfach nur ein Ausdruck des Wunders dessen sind, wer wir sind. Dinge wie, um ein Thema von vorhin aufzugreifen, der freudvolle Ausdruck und das Feiern unserer Sexualität. Dies ist ein augenfälliges Beispiel für einiges von dem, was uns mit unserer Einwilligung Schuldgefühle macht. Oder eine Menge Geld haben – manche Leute fühlen sich sehr schuldig, weil sie eine Menge Geld haben. Sie haben ein so schlechtes Gewissen, daß sie anfangen, ihr Geld wie verrückt wegzugeben, nur um ihr Schuldgefühl zu besänftigen. »Ja, ich habe eine Menge Geld, aber ich spende jedes Jahr eine Viertelmillion Dollar.

So kann ich mich wegen dieser schrecklichen Sache, die mir da passiert ist, ein bißchen besser fühlen.«

Und vor allem solltest du nicht eine Menge Geld haben, wenn du das Wort Gottes lehrst oder sonst irgend etwas wirklich Wundervolles tust. Also zahlen wir unseren Lehrern nichts, und wir zahlen unseren Krankenschwestern so gut wie nichts. Je wertvoller etwas für eine Gesellschaft ist, desto weniger bezahlen wir. Was sagt Ihnen das über das Schuldgefühl, das wir in bezug auf all die guten Dinge des Lebens haben? Ganz zu schweigen von den ehrlichen Fehlern – ich möchte sie menschliche Fehler nennen –, die wir machen, von unseren Fehleinschätzungen und Irrtümern, und ich meine hier Irrtümer nur in dem Sinn, daß wir so etwas nicht noch einmal machen würden.

Wir prügeln uns, wir kasteien uns und setzen uns selbst ins Unrecht. Wenn wir nicht aufpassen, schaffen wir als Folge der Fehler, die wir gemacht haben, unsere eigene Hölle auf Erden. Damit bringen wir auch Krankheit über uns und schaffen es nicht, ein ganzheitliches Leben zu leben.

Eine der großartigsten und befreiendsten Aussagen, die zu machen Sie je hoffen können, lautet also: »Ich bin ohne Schuld und ich bin unschuldig.« Und gehen Sie dann von diesem Ort der Reinheit, des Staunens und der Ganzheit aus. Denn wenn Sie erst einmal Ihre Schuldlosigkeit akzeptieren, können Sie sich, wie Humpty Dumpty, selbst wieder zusammensetzen.

Denken Sie daran, was ich vorhin sagte: Vergebung ist der Schlüssel zur Ganzheit. Und nun möchte ich noch einen Zusatz anbringen: Vergebung, die gleich hier und jetzt beginnt. Tatsache ist, daß Vergebung, wenn sie nicht hier beginnt, nirgendwo ankommen kann. Denn Sie können nicht geben, was Sie nicht haben.

Ganzheitliches Leben bedeutet, mit allem zu leben: mit dem ganzen Auf und Ab, Links und Rechts, Hier und Dort, Davor und Danach, Männlichen und Weiblichen, das es beinhaltet. Wir alle haben diese männliche und weibliche Energie, die uns durchströmt, die in uns ist, die wir sind, und die durch uns zum Ausdruck kommt. Das heißt, wir sollten uns von nichts distanzieren, einfach alles anerkennen und uns dann aufgeben, was uns nicht länger dient, was nicht länger eine höchste Aussage über das ist, was wir unserer Vorstellung nach sind. Dann können wir am Rest festhalten, obschon wir es großzügig und freimütig an all die weggeben, deren Leben wir berühren.

Was raten Sie Eltern mit kleinen Kindern?
Was können wir unseren Kindern sagen?
Wie können wir sie über Gott belehren?

Wissen Sie, daß ich hier auf diesem Stuhl sitze, bedeutet noch lange nicht, daß ich eine Antwort auf all diese Fragen habe. Ich bin wahrscheinlich die letzte Person, die man um Ratschläge für Eltern bitten sollte. Ich stehe vermutlich auf der

Liste der zehn schlechtesten Väter der Welt. Aber ich weiß nicht – vielleicht macht mich das ja gerade zu einer Person, die man fragen sollte. Ich kann Ihnen all die Fehler aufzählen, die ich gemacht habe. Ich denke aber, daß ich einen Fehler nicht gemacht habe. Ich habe nicht aufgehört, meine Kinder bedingungslos zu lieben. Und ich habe sie nie um etwas gebeten, von dem ich dachte, daß sie es nicht geben wollten … mir oder dem Leben. Mein Rat, den ich Eltern wohl geben würde, ist der, ihre Kinder so zu lieben, wie sie selbst geliebt werden möchten. Nicht von Erwartungen auszugehen. Nicht von Forderungen auszugehen, und vor allem: die Kinder ihr Leben leben zu lassen.

Gebt sie frei. Laßt sie los. Laßt sie gegen all diese Wände rennen und all diese Fehler machen. Laßt zu, daß sie sich ab und zu weh tun und verletzen. Stellt sie wieder auf die Beine und helft ihnen, wenn sie ein Wehwehchen haben, sofern ihr könnt. Aber versucht nicht, sie davon abzuhalten, ihr eigenes Leben zu leben. Gebt ihnen ihre Freiheit – auch die Freiheit, etwas zu tun, das ganz eindeutig nicht in ihrem besten Interesse ist und ihr sogar als »falsch« bezeichnen würdet.

Wissen Sie, der beste Rat, den ich Eltern geben könnte, ist der, ihre Kinder so zu behandeln, wie Gott uns behandelt: »Dein Wille für dich ist mein Wille für dich. Ich gebe dir freie Wahl, die Entscheidungen in deinem Leben zu treffen, die du treffen möchtest, und ich werde, ganz gleich was passiert, nie aufhören, dich zu lieben.« Ich wünschte meine Eltern hätten diese Einstellung mir gegenüber gehabt. Ich wünschte, ich wäre so mit meinen eigenen Kindern verfahren. Ich meine, ich wünschte, ich hätte diese Art von Beziehung. Aber wir versuchen es.

Und das andere, das ich Eltern sagen würde, ist: Vergeßt nicht, daß ihr Eltern seid. Ich meine, ich habe einen Großteil meines Lebens tatsächlich vergessen, daß ich Vater war. In dieser Hinsicht habe ich meine Kinder emotional im Stich gelassen. Und das ist ganz entschieden nicht okay.

Was können Sie zum Thema Liebe sagen?

Ich glaube, Liebe ist die am meisten mißverstandene Emotion im Universum. Ich glaube nicht, daß auch nur die Hälfte der Leute weiß, was wirkliche Liebe ist. Und ich glaube auch, daß noch nicht einmal die Hälfte der Menschen auf diesem Planeten sie je erfahren hat. Wenn die Menschen auch nur für einen Augenblick erlebten, was wahre Liebe ist, würden wir nicht so leben, wie wir miteinander leben. Wir würden einander nicht antun, was wir einander antun. Wir könnten nicht ignorieren, was wir ignorieren. Wir könnten nicht zulassen, daß die Dinge so sind, wie sie sind.

Das erste Problem ist natürlich das, daß wir nicht gelernt haben, uns selbst zu lieben. Aber wir können einem anderen nur geben, was wir zu geben haben. Und wenn wir hier keine Liebe haben, können wir sie auch nicht weitergeben. Das sind so offensichtliche Dinge, daß ich mich geniere, sie auszusprechen.

Was gibt es sonst noch zur Liebe zu sagen? Versuchen Sie es mal mit ihr! Aber wenn Sie es versuchen, dann ganz und gar. Mit Haut und Haaren! Versuchen Sie einmal jemanden zu lieben, ohne irgendwelche Bedingungen oder Einschränkungen. Ohne Erwartungen, ohne etwas im Austausch dafür zu fordern. Versuchen Sie nur ein einziges Mal, jemanden in dieser Weise zu lieben. Aber passen Sie auf, denn wenn Sie das einmal tun und dieses Gefühl haben, werden Sie süchtig danach.

* * *

Nun, ich dachte mir, daß ich Ihnen nun Gelegenheit geben möchte, Fragen zu stellen. Jetzt ist Ihre Chance. Fragen Sie, was immer Sie wollen. Dort drüben hat jemand eine Frage.

Was sagen Sie den Menschen in bezug auf ihre genetische Veranlagung? Manche Leute glauben zum Beispiel, aufgrund ihres genetischen Erbes übergewichtig zu sein oder unausweichlich Krebs zu bekommen. Was sagen Sie den Menschen, die meinen, keine Kontrolle über ihr Leben zu haben, die überzeugt sind, daß ihnen solche Sachen einfach passieren?

Wie du glaubst und wie du sagst, so wird dir geschehen. Und in der Medizingeschichte finden sich viele Fälle von Menschen, die sozusagen gegen den Strom schwammen und Resultate produzierten, die dem, was ihr genetisches Erbmaterial erwarten ließ, genau zuwiderliefen.

Ich denke, es wäre töricht zu behaupten, daß so etwas wie eine genetische Veranlagung nicht existiert. Die Wissenschaft hat bewiesen, daß es sie gibt. Also ist eine genetisch bedingte Anfälligkeit zum Beispiel für eine bestimmte Krankheit Realität. Aber das muß kein Zustand sein, aus dem es keinen Ausweg gibt. Dies muß nicht unvermeidlich oder unausweichlich sein.

Wenn jemand anfällig für eine bestimmte Krankheit oder ein Leiden ist, bedeutet das nicht, daß er keine Kontrolle darüber hat. Wenn wir absolut keine Kontrolle über unsere mentalen, physischen oder psychischen Veranlagungen hätten, dann gäbe es für uns so etwas wie Vorbestimmung; wir wären den Launen des Schicksals unterworfen – in diesem Fall einem physiologischen Schicksal. Und das ist einfach keine Voraussetzung für menschliche Erfahrung.

Viele unserer Neigungen und Anfälligkeiten sind gewählt – ich meine, einprogrammiert. Es gibt eine philosophische Richtung, die lehrt, daß sich niemand aus Versehen in einem bestimmten Körper inkarniert. Man kann also sagen, daß manche der in unser biomechanisches System, in unseren Körper eingebauten Neigungen Bedingungen sind, die wir im voraus gewählt haben. Wir haben sie uns als Arbeitsinstrumente ausgesucht, als Farben oder Pinsel, mit deren Hilfe wir die Leinwand unseres Lebens bemalen. Aber wir können diese Farben jederzeit ändern, wenn wir wollen. Wir könnten sagen: »Nein, ich habe zuviel Blau drin, ich glaube, ich mache mit Orange weiter.« Und wir können ein neues Bild anfangen oder dem ursprünglichen ein anderes Aussehen geben.

Ich glaube, es ist wichtig zu verstehen, daß es keinen machtvolleren Aspekt der menschlichen Lebenserfahrung gibt, als die Vorstellung, die wir von ihr haben, als unsere Entscheidung und Wahl in bezug auf sie; und daß nichts groß oder stark genug ist, um unsere mitschöpferische Partnerschaft mit Gott bezwingen zu können.

Wenn Gott und ich beschließen, etwas in der biochemischen Fabrik, mein Körper genannt, zu verändern, dann tun wir das auch, Veranlagung hin oder her. Und nichts kann diesen Prozeß stoppen. Und genau durch diesen Prozeß haben sich Menschen von Krebs geheilt und andere physische und emotionale Leiden abgewendet, von denen sie vielleicht ansonsten befallen worden wären, oder von denen sie zunächst glaubten, daß sie sie mäßig erdulden müßten.

Die Gene in Ihrem Körper sind nur Indikatoren, Hinweise, den astrologischen Zeichen nicht unähnlich. Ich denke, daß sie uns in unserem Körper Hinweise geben, so wie die astrologischen Zeichen uns als Hinweise auf den größten Körper dienen, den Körper, den wir Universum nennen. Und so ist jede und jeder von uns, so hat man gesagt, ein Miniaturkosmos. Wie die astrologischen Zeichen können unsere Gene uns Hinweise auf die Richtung geben, in die wir reisen wollen, aber sie stehen nicht für das Unvermeidliche. Sie sind quasi nur Wegweiser, deuten auf einen Weg hin, der genommen werden wird, es sei denn, wir überlegen es uns anders.

Und wenn es uns nicht gefällt, was unsere Gene uns über die Richtung, die wir körperlich einschlagen könnten, erzählen, dann müssen wir unseren Sinn ändern. Durch diesen Prozeß des Sinneswandels haben Menschen sogenannte unbesiegbare Leiden und Krankheiten überwunden. Wir können also unseren Sinn ändern, wann immer wir wollen, und so zu einer neuen Erfahrung gelangen. Doch daran – und das ist entscheidend – glauben nicht sehr viele Leute. Und weil nur so wenige Menschen das glauben, haben es auch nur so wenige Menschen bewiesen.

Ist es uns möglich, eine durch genetisches Erbmaterial oder durch Umwelteinflüsse bedingte Veranlagung zu überwinden, die zu bestimmten Auswirkungen oder Erfahrungen führen sollte? Wenn nicht, wenn es nicht möglich ist, dann ist das großartigste Versprechen Gottes eine Lüge, und wir haben keinen freien Willen und sind nicht Herr über unser eigenes Schicksal. Dann hätte man uns eine ungeheuerliche Unwahrheit erzählt. Aber das glaube ich nicht. Das, was ich sehe, und mein eigenes Leben demonstrieren das Gegenteil…

Haben Sie auch schon Gespräche mit Gott geführt, bevor Sie diese drei Bücher schrieben? Und in welcher Form?

Ich war mir, bevor aus den Büchern Bücher wurden, bevor das Material durch mich durchkam, nicht bewußt, daß ich »Gespräche mit Gott« führte, wie wir es jetzt nennen. Das wurde mir erst bewußt, als das Material durchkam – und das übrigens nicht in Buchform. Es geschah im Grunde in Form eines sehr intimen Dialogs mit mir selbst.

Von da an war ich mir sehr bewußt darüber, daß mein ganzes Leben, wie auch das Ihre – ein Gespräch mit Gott ist. Und daß alle von uns nicht nur Gespräche mit Gott führen *könnten*, sondern das auch jeden Tag tun.

Eine der Fragen, die mir am häufigsten gestellt wird, ist: »Warum Sie?« Die Antwort lautet, daß es nicht ich bin. Ich bin nicht der Auserwählte. Wir alle reden jeden Tag unseres Lebens mit Gott. Wir wissen es nur nicht oder nennen es nicht so.

Möchten Sie also anfangen, Ihr gelebtes Leben als Ihr Gespräch mit Gott zu begreifen? Stellen Sie sich vor, Sie erleben Ihr Gespräch mit Gott in Form des nächsten Songs, den Sie im Radio hören, in Form der Handlung des nächsten Romans, den Sie zufällig lesen, Sie finden es im nächsten Artikel, den Sie in einer Zeitschrift beim Friseur finden, oder in der beiläufigen Äußerung einer Freundin, der Sie auf der Straße begegnen – oder eben in Form von Worten, die Ihnen ins rechte Ohr geflüstert werden. Werden Sie all das als Ihr ganz persönliches Gespräch mit Gott wahrnehmen und erleben? Dann machen Sie die Erfahrung, nach der Sie mich fragten, und von der Sie annehmen, daß nur ich sie machen kann.

Sie müssen nur ein paar einfache Schritte befolgen, wenn Sie sich dazu entscheiden, solche Gespräche mit Gott als Teil Ihrer Realität zu führen.

Der erste Schritt ist der, daß Sie offen verkünden und sich selbst gegenüber erklären, daß es möglich ist. Wie viele von Ihnen glauben wirklich, daß Gott an diesem Tag Ihres Lebens direkt zu Ihnen sprechen kann und wird? Gut. Wunderbar. Fast alle von Ihnen. Das ist großartig. Denn das ist der erste Schritt. Sie müssen wirklich sagen: »Warte mal, das kann sein und passiert in der Tat eben jetzt.«

Nachdem Sie diese Möglichkeit anerkannt haben, ist der zweite Schritt der, daß Sie sich zu glauben erlauben, daß Sie würdig sind, einer oder eine von denen zu sein, die diese Erfahrung machen können. Wir sind alle dazu fähig, aber nur sehr wenige von uns sind imstande anzuerkennen, daß wir *würdig* sind. Für viele Menschen ist aus Gründen, über die ich bereits gesprochen habe, das Selbstwertgefühl ein riesiges Problem.

Vieles von dem, was wir gelernt haben, schwächt unser Selbstwertgefühl und bringt uns dazu, uns minderwertig zu fühlen. Wir erfahren, daß wir nicht soviel wert sind, wie wir eigentlich dachten, und das führt dazu, daß wir uns schließlich wertlos fühlen. Erschreckend viele Menschen gehen mit einem Gefühl von Wertlosigkeit durchs Leben. Schritt zwei beinhaltet also, daß Sie die Tatsache ins Auge fassen und akzeptieren, daß Sie eines Gespräches mit Gott würdig sind.

Der dritte Schritt ist der, daß Sie wahrnehmen, daß dieses Gespräch, wie schon gesagt, ständig stattfindet. Und hören Sie auf, es als etwas anderes als etwas rein Zufälliges abzutun. Nur ein Zufall? Sagen wir, ich habe mir über ein bestimmtes Problem seit ein paar Wochen den Kopf zerbrochen und betrete nun einen Kosmetiksalon. Und da liegt eine Zeitschrift – sie liegt schon seit dreieinhalb Monaten da. Ich nehme sie in die Hand und finde in ihr einen fünf Seiten langen Artikel genau zu dem Thema, das mir Sorgen bereitete. Was hat es damit auf sich?

Ich kann Ihnen gar nicht sagen, wie viele Menschen mir in Briefen mitgeteilt haben, daß ihnen

Gespräche mit Gott buchstäblich aus dem Regal in die Hände gefallen ist oder durch irgendeinen anderen glücklichen Zufall zu ihnen gelangte. Und Sie werden kaum glauben, wie viele Briefe wir von Menschen erhalten haben, die schrieben: »Dieses Buch trat genau im richtigen Moment in mein Leben.« Was hat es damit auf sich? Nur wenn Sie sich auf tiefer Ebene bewußt sind, wie dies funktioniert, können Sie anfangen zu verstehen, daß dies alles Teil Ihres eigenen Gesprächs mit Gott ist.

Aber der wichtigste Teil dieses Gesprächs, zu dem wir alle fähig sind und das wir alle jeden Tag führen, ist nicht so sehr das, was Gott zu uns sagt, sondern was *wir* zu *Gott* sagen. Und ich möchte noch einmal betonen, daß unser Part im Gespräch mit Gott unser gelebtes Leben ist. Die Gedanken, die wir denken, die Worte, die wir sprechen, die Dinge, die wir tun – das ist unser Gespräch. Und es gibt kein anderes. Also achten Sie darauf, daß Sie nicht das eine sagen, und das andere tun, oder das eine denken und etwas anderes sagen. Bringen Sie Ihre Gedanken, Ihre Worte und Ihre Taten in Übereinstimmung, so daß Sie denken, was Sie sagen, was Sie tun. Und dann wird Ihr Gespräch in der Tat ein heiliges Gespräch sein. Das heißt, es wird heil und ganz sein. Und Ihr Leben wird ein ganzheitliches Leben sein.

Sie haben eine Frage?

Könnten Sie im Zusammenhang mit dieser Übereinstimmung, die wir in unserem Leben anstreben sollen, noch einmal auf das eingehen, worüber Sie auch in Band 3 sprachen? Über die Diskrepanz, die zwischen unserer Technologie und unserem Bewußtsein besteht, und welchen Kurs wir in Zukunft einschlagen werden?

Ja. Wir stehen gegenwärtig wirklich an einem Kreuzweg. Wir befanden uns schon einmal in einer solchen Situation und sind nun wieder an einem Punkt angelangt, an dem die Technologie zu einer Bedrohung für uns wird und ihre Anwendungsmöglichkeit wahrscheinlich unser gegenwärtiges Verständnisvermögen übersteigt. Aber wir sind auch an einem anderen faszinierenden Punkt der menschlichen Evolutionsgeschichte angelangt, was Barbara Marx Hubbard *bewußte Evolution* nennt. Lassen Sie mich das erklären.

Bis vor kurzem schien der Prozeß, den wir Evolution nennen (die Evolution der Spezies), ein Prozeß zu sein, den wir im großen und ganzen nur beobachten. Wir sahen zu, wie sich die Evolution direkt vor unseren Augen abspielte. Wir sahen es sich ereignen. Manchmal betrachteten wir es mit einem gewissen Amüsement oder mit leichter Verwunderung. Manchmal waren wir auch von Dankbarkeit und Erregung erfüllt. Doch zumeist hielten wir uns einfach für Beobachter dieses Prozesses, der sich um uns herum ereignete.

Erst vor relativ kurzer Zeit, sagen wir, erst in den letzten zwanzig, dreißig oder vierzig Jahren, wurden wir uns nicht nur des Evolutionsprozesses, sondern auch der Rolle, die wir darin spielen, bewußt.

Erst vor relativ kurzer Zeit wurde uns bewußt, daß wir die Art und Weise, in der wir uns entwickeln, *erschaffen.* Das bedeutet für die meisten Angehörigen der Spezies eine neue Bewußtseins- oder Gewahrseinsebene. Und damit hat ein neuer Prozeß begonnen, den man bewußte Evolution nennt. Das heißt, wir fangen an, *den Kurs und den Weg unserer Entwicklung als Individuen und als Spezies zu bestimmen.*

Das bedeutet eine gewaltige Veränderung der Art und Weise, wie Evolution stattfindet. Verstehen Sie? Das hätte nicht zu einem besseren Zeitpunkt kommen können. Denn es fällt mit einer Zeit zusammen, in der unsere Technologie unsere Fähigkeit, sie auf kluge Weise zu nutzen, zu übersteigen droht. Wir haben ja noch nicht einmal definiert, was »klug und weise« ist.

Wir sprechen über moralische Dilemmas wie das Klonen, um ein Beispiel zu nennen, oder wie die Genmanipulation, um ein anderes anzuführen. Und es gibt Hunderte von solchen Zwickmühlen – Fälle, in denen unsere Gesellschaft eine Technologie geschaffen hat, die zu nutzen wir noch nicht einmal ansatzweise gelernt haben. Und einiges von dieser Technologie ist für unsere Gesundheit, für unsere Umwelt (was dasselbe ist) und für die Art und Weise, in der wir als *Homo sapiens* auf diesem Planeten leben, extrem gefährlich.

Wir müssen uns also diesen Wettlauf gegen die Zeit ansehen und eine bewußte Wahl treffen, wie wir uns im Hinblick auf die Technologien entwickeln wollen, die bisher den Motor unserer Erfahrung angetrieben haben. Zu welchen Technologien wollen wir sagen: »Warte mal eine Minute. Moment mal. Ich denke, nicht so.« Können wir ja zu diesem und nein zu jenem sagen? Können wir eine kluge Wahl treffen und weise Entscheidungen fällen? Und können wir die höchsten Gedanken, die wir gemeinsam darüber haben, wer wir wirklich sind, als Schablone für die technologischen Fortschritte verwenden, die unsere Gesellschaft zuläßt, erlaubt, erschafft, ermutigt und erlebt?

Das ist im Grunde die dringlichste Frage unserer Zeit, und Sie hier in diesem Raum sind wie alle anderen dazu aufgerufen, sich mit ihr auseinanderzusetzen. Sie werden sie durch die Produkte, die Sie konsumieren, Ihre persönliche Wahl im Supermarkt, im Kaufhaus, in Ihrem Wohnviertel beantworten.

Sie werden diese Fragen in Ihrem Alltagsleben beantworten: Durch das, was Sie anderen sagen, in welcher Weise sie andere ermutigen, was Sie wählen, durch die Entscheidungen, die Sie mit anderen teilen, und durch die Art und Weise, in der Sie mit anderen teilen.

Ich möchte Sie dazu ermuntern, ein außergewöhnliches Buch mit dem Titel *Unser ausgebrannter Planet* von Thom Hartman zu lesen. Und wenn Sie schon dabei sind, dann lesen Sie auch Barbara Marx Hubbards Buch *Conscious Evolution*. Und als drittes Buch möchte ich Ihnen noch *Healing the Soul of America* von Marianne Williamson ans Herz legen. Diese Bücher behandeln auf sehr spezifische, sehr dynamische und stilistisch wunderbare Weise dieses Thema und vermitteln wunderbare Einsichten.

Zumindest jedoch sollten Sie sich auf die Bewußtseinsebene begeben, zu der diese Frage auffordert; ein Bewußtsein darüber, daß wir jetzt, da wir in das 21. Jahrhundert eintreten, an einem Abgrund stehen. Wir befinden uns in einem Wettlauf mit der Zeit. Wer wird gewinnen?

Die Technologie oder der menschliche Geist? Die Technologie hat schon einmal gewonnen und praktisch das Leben auf diesem Planeten zerstört – nahezu ausgelöscht. Und wir sind natürlich imstande, das wieder zu tun. Aber ich möchte Ihnen sagen, daß es wahrscheinlich nicht passieren wird. In den fünfziger Jahren hatten wir alle Angst, daß so etwas geschehen würde. Es wird nicht die eine große Explosion geben, es wird nicht so sein, daß Manhattan zerstört oder Moskau durch irgendeine Atombombe ausgelöscht wird oder so etwas in der Art. Nein, es werden heimtückische, schleichende Dinge sein, die anscheinend ein ganzes Leben brauchen, um Resultate zu zeitigen, mit denen zu leben wir uns nicht wünschen werden.

Ich denke also, daß es sehr wichtig ist, daß wir allmählich diesen langsamen, aber sicheren Aushöhlungsprozeß unserer Lebensqualität beachten. Hören wir auf, die Regenwälder abzuholzen. Können wir uns darauf einigen? Es ist wirklich relativ einfach. Und fangen wir an, eine Möglichkeit zu finden, jedermann zu ernähren, so daß nicht mehr stündlich vierhundert Kinder auf diesem Planeten sterben müssen.

Weitere Fragen?

Neale, was können wir Ihrer Meinung nach tun, um von einem ganzheitlichen Standpunkt aus Körper, Geist und Seele zu nähren… alles im Gleichgewicht zu halten?

Ich denke, heutzutage besteht die wahre Herausforderung darin, Körper, Geist und Seele *gleichzeitig* zu nähren und uns in Balance zu halten. Das ist sehr schwierig in einer Welt, die so aus den Fugen, so aus dem Gleichgewicht geraten zu sein scheint. Denn dadurch haben wir ebenfalls die Tendenz, aus dem Gleichgewicht zu geraten, allerdings umgekehrt.

Wenn wir uns zum Beispiel sehr lange Zeit in einem spirituellen Prozeß befanden, sagen wir in einer Gemeinschaft, fangen wir danach unter Umständen damit an, uns sehr stark auf unseren Körper zu konzentrieren und ganz zu vergessen, daß wir spirituelle Wesen sind. Und umgekehrt kann es manchmal passieren, daß Menschen, in deren Leben das Körperliche im Vordergrund steht und die nicht viel spirituelle Nahrung erhalten, mit intensiven Workshops oder Seminaren so tief in die Spiritualität eintauchen, daß sie sich da gar nicht mehr herausziehen können. Im Extremfall heben sie nach einem Workshop völlig ab und schweben monatelang ununterbrochen in Sphären, die keinerlei Ähnlichkeit mehr mit ihrem Alltag aufweisen. Die wahre Herausforderung besteht also darin, daß wir zu einem Ort des Gleichgewichts gelangen. Ich glaube, es war Gerald Jampolsky, der sagte: »Das Leben ist eine Frage der Balance.«

Und wir gelangen zu dieser Balance, wenn wir nicht vergessen, daß wir dreiteilige Wesen sind und daß kein Aspekt unseres dreiteiligen Wesens wichtiger oder heiliger ist als der andere. Wir sind nun mal Körper, Geist und Seele.

Manche Leute meinen gerne, daß der spirituelle Teil von uns, unsere Seele oder Geistseele, der heiligste und damit auch der wichtigste Aspekt ist. Das stimmt nicht. Der spirituelle Teil unseres wahren Wesens ist nicht wichtiger als der physische oder mentale Teil unseres Wesens, er braucht darum auch nicht mehr Nahrung.

Umgekehrt läßt sich natürlich auch sagen: Wir achten nicht genug auf unseren Körper. Wir trainieren ihn nicht. Wir halten ihn nicht in Form. Die meisten von uns schenken ihm verdammt wenig Aufmerksamkeit. Und als Folge davon tendieren die Leute vor allem in den USA zu Übergewicht und mangelnder Kondition. Und sie sterben viel früher, als sie eigentlich müßten, weil sie diesen und anderen körperlichen Bedingungen kaum Aufmerksamkeit geschenkt haben.

Wir achten auch bei weitem nicht genug auf unsere geistige Nahrung. Ich bin überrascht, wie wenige Bücher die Leute lesen. Ich habe mir angewöhnt, überall, wo ich hinkomme, die Leute zu fragen: »Wie viele Bücher haben Sie im letzten Jahr gelesen?« Wenn sie drei oder vier sagen, ist das schon eine Menge. Ich selbst lese zwanzig oder dreißig, manchmal fünfzig Bücher im Jahr.

Ich will damit nicht angeben, es geht hier nur um eine Wahrnehmung. Ich dachte, daß das der Durchschnitt sei, daß es den meisten Menschen so erginge. Aber wenn ein Kerl im Jahr drei oder vier Bücher liest, ist er schon sehr stolz auf sich.

Bedauerlicherweise muß ich sagen, daß die meisten Menschen ihren Geist weitestgehend dadurch ernähren, daß sie den Fernseher anstellen. Oder sich vielleicht einen Film im Kino ansehen, wenn man das als Geistesnahrung bezeichnen kann. Aber kaum einer geht in die Bibliothek und verbringt dort einen Samstagnachmittag damit nachzulesen, was Balzac zu sagen hatte – die meisten Menschen haben das ihr *ganzes Leben* nie gemacht. Ihr Geist hungert nach etwas anderem als den Simpsons oder den Sportseiten in ihrer Tageszeitung, sie merken es nur nicht.

Die meisten Menschen nähren auch ihre spirituelle Seite nicht. Weder meditieren sie, noch widmen sie sich sonst ihren spirituellen Bedürfnissen. Sie gehen nicht so regelmäßig, wie sie könnten, in die Kirche oder Synagoge oder eine andere Gebetsstätte, manche von ihnen gehen nie. Sie achten nicht auf die Tatsache, daß sie zu einem Drittel Seele sind. Und sie widmen ihrer spirituellen Seite nicht ein Drittel ihrer Zeit und Aufmerksamkeit. Die meisten von uns nähren einen Bereich zu Lasten der anderen, statt alle drei gleichmäßig zu pflegen.

Haben Sie irgendeinen Vorschlag, wie wir das ändern können?

Hören Sie damit auf. Sie können das verändern, indem Sie zur Kenntnis nehmen, daß Sie ein dreiteiliges Wesen sind, und anfangen, ganz bewußt jedem Aspekt Aufmerksamkeit zu schenken, selbst wenn Ihnen das Unbehagen bereitet. Geben Sie Ihre bequeme Haltung auf.

Sollten Sie sich in einer Kirche, einer Synagoge, einem spirituellen Ambiente oder beim Meditieren nicht wohl fühlen, dann lassen Sie sich trotzdem nicht davon abhalten. So habe ich übrigens mit dem Meditieren angefangen. Mir war bei dem Gedanken, mich eine Stunde lang bei Kerzenschein und sanfter Musik oder mitten in der Nacht ganz allein hinzusetzen und still bei mir zu sein, nie schrecklich wohl. Aber weil mir dieser Gedanke Unbehagen bereitete und weil ich offen gesagt nicht glaubte, das Durchhaltevermögen zu haben und eine Stunde lang still zu sitzen, habe ich es probiert. Und ich probierte und probierte, und dann hatte ich eines Tages eine außergewöhnliche Erfahrung beim Meditieren, bei der ich auf so unglaubliche Weise eine Verbundenheit mit Allem-was-Ist fühlte, daß ich jetzt regelmäßig meditiere.

Ich entdeckte hier also etwas. Das ist so wie die Entdeckung, daß Spargel doch nicht ganz so schlecht schmeckt; tatsächlich schmeckt er ausgesprochen gut. Also versuchen Sie es. Verlassen Sie Ihre Bequemlichkeitszone.

Ich bin übrigens dabei, jetzt dasselbe mit dem

Körpertraining zu versuchen. Das Körpertraining und ich waren über die Jahre hinweg keine allzu guten Freunde. Aber jetzt habe ich mir zu Hause ein kleines Fitneßstudio mit ein paar Geräten eingerichtet und versuche mich dazu zu überreden, zwei- oder dreimal die Woche hinunterzugehen und ein leichtes Training zu absolvieren. Ich bin sicher, es wird Wunder wirken. Es ist wirklich ganz einfach. Da ist kein Geheimnis, keine Magie dabei. Erlauben Sie sich einfach, aufmerksam zu sein.

Was ist das innere Führungssystem?

Wir alle haben ein inneres Führungssystem, mittels dessen wir alles wissen können, was es über das Leben zu wissen gibt. Alles, was über das Leben zu wissen wirklich wichtig ist. Und wenn wir auf dieses innere Führungssystem hören, werden wir erleben, daß wir zu den perfekt richtigen Leuten, Orten und Umständen geführt werden, die darauf vorbereitet sind, uns die Gelegenheit zu geben, den großartigsten Teil dessen, wer wir sind, zum Ausdruck zu bringen.

Mir fällt es nicht schwer, auf dieses innere Führungssystem zu achten. Ich spüre es. Ich sage den Leuten oft: »Hört auf euren Bauch. Der Bauch weiß es.« Ich möchte Ihnen ein Instrument an die Hand geben, das Ihnen helfen kann, in Erfahrung zu bringen, ob Sie sich in die richtige Richtung bewegen oder ob Sie dabei sind, eine falsche Entscheidung zu treffen. Es ist wirklich ganz einfach.

Als erstes müssen Sie vom toten Punkt wegkommen. Wenn Sie merken, daß Sie »festsitzen«, daß sie weder das eine noch das andere tun, oder aus Angst, eine falsche Wahl zu treffen, vor der Entscheidung zurückscheuen, dann *treffen Sie eine Wahl.* Treffen Sie irgendeine Wahl. Machen Sie einen Schritt auf etwas zu.

Ich rate den Leuten immer, sich einfach in den Prozeß, den man »eine Entscheidung treffen« nennt, hineinzubegeben und einen Schritt hin zu etwas zu tun. Sobald Sie definitiv den Beschluß gefaßt haben, eine Sache zu tun oder nicht zu tun, eine Sache zu wählen oder nicht zu wählen, sobald Sie sich in die eine oder andere Richtung bewegen, wird Ihnen Ihr Bauch binnen weniger Augenblicke sagen, ob das der Ort ist, an den Sie sich begeben sollen oder nicht. Es ist ein inneres Führungssystem. Für mich ist es mein Bauch~~; bei anderen macht es sich vielleicht als Gedanke im Kopf bemerkbar.~~ Aber wir alle verfügen über dieses innere Führungssystem.

Sie merken es, wenn Sie drauf und dran sind, etwas zu tun, und Ihr ganzes System dagegen rebelliert und sagt: »Nein, tu das nicht.« Und das hat nichts mit Angst zu tun. Es ist ein Gefühl von innerer Weisheit, das besagt: »Nicht so. Ich denke wirklich nicht, daß du das tun willst.« Oder ein inneres Wissen, das besagt: »Ja, das ist der richtige Schritt. Geh, geh, geh.« Da ist ein Gefühl von Freude. Die Seele sagt: »Ich bin dabei. Laß uns losgehen, laß uns dies tun.« Es ist ein inneres Gefühl, das aber erst in Ihnen aufsteigt, *nachdem* Sie eine Entscheidung getroffen haben, nicht davor. Die meisten Leute warten auf dieses Gefühl, diese Führung, bevor sie eine Entscheidung getroffen haben.

Nun, das ist ein Schlüssel; ich möchte das wiederholen, okay? Ich kenne viele Menschen, die beten und meditieren, und sie bitten Gott um Führung, bevor sie eine Entscheidung fällen. Ich drehe das Ganze, die ganze Idee um. Da sitzen die Leute und sagen: »O Gott, bitte hilf mir, laß mir jetzt, bevor ich diese Entscheidung treffe, Führung zukommen.« Und ich sage: »Nein, nein, nein. Trefft auf die eine oder andere Weise eure Entscheidung und hört dann auf die Führung, die ihr von jeder Zelle eures Körpers erhaltet.«

Sehen Sie, es verhält sich genau umgekehrt. Haben Sie keine Angst vor der Wahl. Treffen Sie die Wahl, dann werden Sie wissen, ob es die richtige war. Und wenn es sich für Sie falsch anfühlt, dann halten Sie inne und kehren Sie um. Fühlt sie sich richtig an, dann gehen Sie weiter. Ist das nicht eine interessante Idee?

Neale, ich habe noch ein paar weitere Fragen zum Körper, vor allem in bezug auf das Leiden. Würden Sie sagen, daß ein Zusammenbruch im physischen Körper darauf hindeutet, daß etwas auf der seelischen Ebene geheilt werden muß? Sie wissen, metaphysisch gesehen sagt man, daß eine Erkältung darauf hindeutet, daß du innerlich verwirrt bist – diese Art von Dingen. Und die andere Frage betrifft Leute, die physische Schmerzen haben, und ihre spirituelle Reise. Können Menschen tatsächlich diese Erweckungserfahrung machen, wenn sie physisch leiden, wenn sie Schmerzen haben?

Nun, die Buddhisten sagen, daß das ganze Leben Leiden ist. Und innerhalb dieses Kontexts lautet die Antwort ganz klar: »Ja.« Das Leiden ist. Leiden ist Erfahrung. Ich meine, was *Sie* vielleicht

Leiden nennen, nenne ich unter Umständen nicht so. Ich zum Beispiel bin ein chronischer Schmerzpatient. Es gibt sehr wenige Augenblicke am Tag, in denen ich nicht unter Schmerzen leide. Auch jetzt, während ich vor Ihnen stehe, habe ich Schmerzen. Und doch leide ich in Relation zu den Momenten, in denen ich wirklich Schmerzen habe, im Grunde nicht unter Schmerzen. Verstehen Sie, was ich meine? Und jemand, der Ihnen das über mich erzählt, könnte sagen: »Wie macht er das? Wenn ich jetzt diese körperlichen Schmerzen hätte, könnte ich keinen einzigen klaren Gedanken fassen und schon gar keinen Vortrag halten.«

Ich will mir hier nicht selbst auf die Schultern klopfen. Ich sage Ihnen nur, wie es ist. Und so ist es bei uns allen. Wir haben hier alle dieselbe Erfahrung. Der erste Punkt ist der, daß Schmerz eine relative Erfahrung ist.

Bis zu einem gewissen Grad haben alle von uns dauernd Schmerzen. Als die Buddhisten das sagten, meinten sie es auch so. Das Leben ist Schmerz.

Schon allein unser Eingeschlossensein in dieser physischen Form stellt auf bestimmter Ebene eine Einschränkung dar und bedeutet eine Beschneidung dessen, was und wer wir wirklich sind. Schon das ist auf einer bestimmten Ebene schmerzvoll.

Doch nun komme ich zu Ihrer Frage: Ja, eine Person, die unter Schmerzen leidet, kann Augenblicke ungeheurer Erleuchtung und großen spirituellen Gewahrseins erfahren. Und manchmal ist es der Schmerz, der sie dazu treibt. Denn physischer Schmerz kann unsere Vorstellungen von dem, was wichtig ist, verändern. Und wir neigen dann dazu, uns auf das zu konzentrieren, was wirklich so ist, und darauf, wer wir wirklich sind.

Ich erinnere mich an eine Zeit, in der ich zu den Mitarbeitern von Elisabeth Kübler-Ross gehörte. Wissen Sie, wer sie ist? Gut, ich hatte das Vergnügen, eine segensreiche Phase meines Lebens mit Elisabeth zu arbeiten und zu ihrem Mitarbeiterstab zu gehören. Und ich erinnere mich, daß wir einmal eine todkranke Frau besuchten – wir machten sehr oft solche Besuche. Wissen Sie, wenn Sie wirklich etwas für Ihre Bildung tun wollen, dann besuchen Sie innerhalb einer Woche zehn Menschen, die im Sterben liegen. Und das ist nicht gerade etwas, das sich als Gelegenheit dem Normalbürger bietet, in seinem ganzen Leben nicht.

Wir besuchten also diese Frau, die im Sterben lag. Sie verlor nach und nach ihre ganze Bewegungsfähigkeit und spürte das von den Füßen aufwärts. Die Lähmung kroch ihren Körper immer höher hinauf. Jedesmal, wenn wir sie besuchten, waren weitere Funktionen verlorengegangen, bis eines Tages auch ihre Hand davon betroffen war. Dies geschah in einem Moment, in dem sie ihre kleine Enkelin, die erst ein paar Wochen alt war, auf dem Arm hatte. Sie merkte, daß sie ihre Hand nicht mehr so wie gewohnt bewegen konnte. Sie mußte also sagen: »Ich glaube, ich sollte das Baby nicht mehr halten, denn ich habe kein Vertrauen mehr in meine Fähigkeit, es festzuhalten, wenn es sich sehr stark bewegt.«

Elisabeth fragte: »Was ist das für eine Empfindung, das Gefühl in der Hand zu verlieren? Wie fühlt sich das an?« Darauf antwortete die Frau mit einem überaus gütigen Gesichtsausdruck: »Weißt du, der Augenblick, in dem ich merkte, daß meine Hand nicht mehr so funktionierte wie sonst, war gerade der, als ich zusah, wie dieser acht Wochen alte Engel seine Hand hochhob... und ich voller Entzücken beobachtete, wie das alles funktioniert. Für mich war das so, als ob ich das Leben von Hand zu Hand übergäbe.«

Nun, ich sage damit nicht, daß das im Grunde die Wirklichkeit ist, aber daß sie in ihrem Schmerz diese Metapher finden konnte, ist ein wunderbares Beispiel für das, worüber ich hier spreche. Das Maß ihrer Behinderung und der Schmerz, der damit einherging, führte sie zu einer

Erkenntnis, die sie vielleicht sonst in ihrem ganzen Leben nicht so formuliert hätte. Sie sah etwas spirituell Bedeutsames in diesem Augenblick, den wir als Verlust bezeichnen würden. Ist es also möglich, daß Menschen, die starke Schmerzen haben, zu großen Einsichten gelangen? Ich denke, ja, und ich denke auch, daß es ziemlich häufig vorkommt.

Aber Sie hatten noch eine andere Frage, die ich nun völlig vergessen habe.

Ich fragte nach der metaphysischen Entsprechung zu dem, was im Körper zu einem Zusammenbruch führt. Gibt es in diesem Fall etwas auf der seelischen Ebene, das geheilt werden muß?

Gott hat zu mir gesagt, daß alle Krankheit selbst erschaffen ist. Ich glaube, daß das wahr ist. Aber offen gesagt, denke ich nicht, daß wir uns ganz schrecklich darum bekümmern sollten. Ich stehe nicht auf diese Bücher, die besagen: »Pochendes linkes Knie... Egoismus« oder: »Schmerzendes rechtes Ohr... Mangel an Verständnis«. Es sind ein paar Bücher auf dem Markt zu diesem Thema, die zutreffend sein mögen oder auch nicht. Ich möchte sie nicht abwerten. Aber ich bin mir nicht sicher, ob es uns wirklich weiterhilft, wenn wir uns in dieser Art von Ursache-Wirkung-Beziehung verfangen, denn dann können wir wieder einmal auf uns einprügeln: »Wenn ich nur nicht so oder so gewesen wäre, dann würde mein Ohr nicht derart schmerzen. Ich will versuchen, verständnisvoller zu sein, um mein Ohr zu heilen.« Verstehen Sie? Oder: »Wenn ich mehr so oder so sein könnte, und weniger das, was ich bisher war, dann könnte ich meine Milz heilen.«

Ich glaube – und so wurde mir auch gesagt –, daß dieser Zusammenhang von Ursache und Wirkung, der durchaus so vorhanden sein mag, wie manche dieser Bücher andeuten, im Grunde weitaus subtiler ist. Er ist sehr, sehr subtil, und das

Ganze könnte vor dreißig oder vierzig Jahren stattgefunden haben. Den ursprünglichen Gedanken, der nun mit fünfundvierzig zu dieser inoperablen Milz geführt hat, könnte es vor langer Zeit und auf sehr viel subtilere Weise gegeben haben, als Sie sich gegenwärtig bewußt sind.

Wie können wir also angemessen darauf reagieren? Lieben Sie es. Akzeptieren Sie es. Die Sache, der Sie sich widersetzen, die bleibt bestehen. Begeben Sie sich in das Akzeptieren und sagen Sie: »Das ist es, was mir jetzt passiert. Meine Milz funktioniert nicht. Ich treffe die Wahl, diesen Zustand zu akzeptieren und zu segnen.« *Segnen* Sie diesen Zustand, und verdammen Sie ihn nicht. Lassen Sie zu, daß der Zustand einfach das ist, was er ist.

Auf diese Weise werden Sie in vielen Fällen tatsächlich das Leiden selbst eliminieren. Denn die Sache, der Sie sich widersetzen, die bleibt bestehen, und was Sie sich zu eigen machen und akzeptieren, das können Sie Ihrer Wahl nach ungeschehen machen. Doch selbst, wenn es so sein sollte, daß sich das, was Sie sich zu eigen machen und akzeptieren, nicht ungeschehen machen läßt, weil es schon zu lange existiert oder die Auswirkungen zu stark sind und es einfach nicht weggeht, dann können Sie doch, und das ist auf tiefer Ebene wahr, den *negativen Einfluß oder die negative Auswirkung,* die es unter Umständen auf Ihr Leben hat, ungeschehen machen. Und das ist es, was diese Dame mit der Hand machte. Sie sah einen Segen in dem, was eine Tragödie hätte sein können.

Ich sah zu, wie ein Meister starb, den ich in den letzten Jahren seines Lebens ein bißchen kennengelernt hatte. Ich beobachtete ihn in den letzten Monaten und Wochen seines Daseins. Und er starb einen Tod, den andere Menschen – da haben wir es wieder – den andere Menschen als äußerst schmerzvoll, sehr unbequem und als würdelos empfunden hätten. Sie wissen schon, einen Katheter und das ganze Drum und Dran. Und doch belehrte dieser Meister all die, die ihn jeden Tag besuchen kamen. Vier, fünf, sechs oder acht Schüler kamen jeden Tag, um ihn sterben zu sehen. Und dazu mußte man einen Termin bekommen. Er lachte darüber. »Wißt ihr, ich bin jetzt beschäftigter als in der Zeit, in der ich total gesund war.«

Und er wußte, was auch Kardinal Joseph Bernadine wußte – Gott segne ihn: »Es gibt noch ein weiteres Geschenk, das ich zu geben habe. In einem Leben, erfüllt von den Geschenken dessen, wer ich bin, ist hier noch ein weiteres Geschenk, das ich zu geben habe. Selbst mein Tod wird eine Bestätigung meines Lebens sein. Selbst mein Gehen wird eine Bestätigung für eine großartige Ankunft sein. Selbst mein Schmerz wird eine Bestätigung der größten Freude des Lebens sein.«

Dieser Mann war ein Meister, und ich lernte von ihm, wie man würdevoll stirbt. Er konnte mich das lehren, weil er zwar die Auswirkungen der früher in seinem Leben getroffenen Entscheidungen auf seinen Körper nicht aufheben konnte, *dies aber auch gar nicht nötig hatte.* Denn die Auswirkungen auf seinen Körper erstreckten sich in keiner Weise auf seinen Geist.

Und wenn man ihn fragte: »Haben Sie starke Beschwerden?«, sah er einen oft an und erwiderte: »Oh, nur ein bißchen.« Und man sagte: »Wie tapfer, wie stoisch.« Aber er log nicht. Für ihn waren es tatsächlich nur geringe Beschwerden, wohingegen es für mich in der gleichen Situation sicher sehr große Beschwerden gewesen wären. Er hatte die Meisterschaft erlangt und ließ nur sehr selten zu, daß die physischen Erfahrungen seines Lebens darüber bestimmten, wer er war. Das ist sehr starker Tobak. Und wir alle haben Menschen gekannt, die mit solcher Würde starben. Und nicht nur mit Würde, sondern auch mit einem solchen Geschenk für andere.

Ich will Ihnen eine letzte Geschichte über jemanden erzählen, der auch so starb. Meine Mutter war eine Heilige. Jede Mutter ist eine Heilige, aber meine Mutter war die heiligste Mutter aller Zeiten. Und ich erinnere mich noch sehr klar an den Tag und an den Augenblick, als sie starb. Als ihre letzte Stunde gekommen war, ließ sie den Pfarrer ihrer Gemeinde rufen. Er war noch ein sehr junger Mann, er kann kaum zwanzig gewesen sein. Frisch aus dem Priesterseminar entlassen. Ich bin mir nicht einmal sicher, ob er sich schon rasieren mußte. Als er kam, war uns allen klar, daß er zum erstenmal die Sterbesakramente erteilte, so nervös wie er am Skapulier herumfingerte und mit dem ganzen Öl und all den Dingen, die zu dem Ritual gehören, herummachte. Ich möchte mich hier nicht darüber lustig machen, denn für unsere kollektive Erfahrung sind Rituale sehr wichtig. Das ist keine Frage. Rituale spielen für uns alle eine überaus wichtige Rolle. Aber er hatte dieses spezielle Ritual noch nie im wirklichen Leben mit einer sterbenden Person vollzogen. Und da war er nun und ging ins Zimmer meiner Mutter, die auf der Intensivstation lag. Und dann kam er zehn, fünfzehn Minuten später wieder heraus, weiß wie ein Gespenst. »Was? Was? Was ist passiert?« fragte ich.

Und er erwiderte: »Nun, ich wußte nicht, ob ich es richtig machte. Und ich nahm das falsche Öl und versuchte, das zu korrigieren. Und Ihre Mutter sah mich an und sagte: ›Vater, entspannen Sie sich. Sie können hierbei überhaupt nichts falsch machen. Es geht um Ihre Absicht. Es geht darum, was Sie in den Moment hineinlegen. Ihr Gedanke zählt, nicht das, was Sie tun.‹« Und er sah mich an und Tränen stiegen ihm in die Augen. »Ihre Mutter hat im Sterben mich getröstet«, sagte er.

Ich will Ihnen damit sagen, daß der Tod nicht unbedingt eine Tragödie sein muß. Und ich hoffe nur, daß ich, wenn ich sterbe, dies mit einem ganz kleinen bißchen von dieser Würde tun kann. Und mit einem winzigen Teilchen von dieser Art Weisheit.

Ich habe eine Frage zu dieser »Tagesordnung« der Seele. Sie bezieht sich auf die Vorstellung, daß wir – auf einer anderen Ebene – die Orte und Dinge und Menschen, mit denen wir in diesem Leben konfrontiert werden, planen. Könnten Sie im Kontext dieser Vorstellung noch etwas dazu sagen, warum es keine Zufälle gibt? Ist der Grund dafür der, daß wir alles auf einer bestimmten Ebene schon im voraus geplant haben?

Ja. Mir wurde gesagt, daß wir eine »Tagesordnung« haben, wenn wir uns in unserem Körper inkarnieren, und daß es sich dabei um eine gemeinsam erstellte handelt. Tatsächlich befindet sich niemand von uns hier aus Zufall in diesem Raum. Wir alle haben auf einer sehr hohen Ebene beschlossen, uns zu diesem Zeitpunkt an diesem Ort einzufinden. Damit wir uns wieder einmal alle zur Kenntnis nehmen und einander darin unterstützen, die zu sein, die wir wirklich sind.

Also sind wir hierhergekommen. Wir haben eine Vereinbarung getroffen und erfüllen heute unseren Teil daran.

Das gilt übrigens für Menschen, die zueinander freundlich sind, wie auch für die, die unfreundlich miteinander umgehen. Wahre Heiligkeit und wahre Meisterschaft besteht in der Wahrnehmung, daß es keine Opfer und keine Bösewichte gibt, und daß eine Person, die dich drangsaliert, nur eine Abmachung ausagiert, die auf einer völlig anderen Ebene getroffen wurde, damit du ausdrücken und erfahren – verkünden, werden und erfüllen – kannst, wer du wirklich bist. Deshalb haben alle Meister gesagt: »Verurteile und verdamme nicht.«

Ja, wir haben uns alle auf eine Reise begeben, die wir dieses Leben nennen. Und es ist eine Reise, deren Ziel wir zwar schon bestimmt haben, aber nicht, wie wir dahin gelangen. Und es gibt auch keine Garantie dafür, daß wir an unserem Ziel ankommen. Wir haben einfach nur eine Vorstellung davon, wohin wir uns begeben und was wir gerne tun würden. Es gibt keine Vorbestimmung in dem Sinn, daß unsere Ankunft am Ziel garantiert ist, und es gibt auch keine Garantie dafür, daß der Weg, auf dem wir dahin gelangen, genau befolgt wird.

Jede sich uns bietende Gelegenheit gibt uns eine Chance, in unserer Tagesordnung fortzufahren. Und wenn wir das nicht tun, werden wir uns weitere Gelegenheiten erschaffen, bis wir mit unserer Tagesordnung weiterkommen. Sind Ihnen schon einmal bestimmte Muster in Ihrem Leben aufgefallen, die sich immer wiederholen? Sie machen also immer weiter und weiter dasselbe, bis Sie es kapiert haben und richtig machen.

Ich habe mir fünfmal dieselbe Person eingehandelt. Ich habe fünfmal die gleiche Person in fünf verschiedenen Körpern geheiratet – bis ich schließlich begriffen habe, was ich daran begreifen sollte. Und dann war ich endlich in der Lage, diese Person nicht mehr zu heiraten. Und dasselbe galt für andere Personen und Ereignisse in meinem Leben. Ich habe mich immer wieder mit derselben Art von Ereignissen konfrontiert, bis ich es nicht mehr tat; bis ich schließlich kapierte, was es bedeutete. Wir leben also das Muster aus und suchen genau die Menschen, Orte und Ereignisse auf, die wir brauchen, um die Ergebnisse zu erzielen, zu denen uns unsere Tagesordnung aufruft. Und das kann vielleicht nicht alles in einem Leben abgehandelt werden. Tatsächlich wäre ich überrascht, wenn es so wäre. Aber das spielt keine Rolle, weil wir noch ein weiteres Leben haben und noch eines und immer noch weitere bis ans Ende der Zeit, die gar kein Ende hat. Und so wird es immer weitergehen und weitergehen für immer und ewig. Ist das nicht wunderbar?

In Band 3 spricht Gott von den hochentwickelten Wesen. Sollten wir versuchen, in dieser Weise zu agieren?

Es gibt im Universum so etwas wie hochentwickelte Wesen. »HEWs« ist das Kürzel, das ich für sie verwendet habe. Diese Wesen haben gelernt, wie man auf freudvolle und harmonische Weise mit der Natur und dem Universum koexistiert. Und sie haben gelernt, wie man ein weitgehend schmerzfreies und friedliches Leben führt, und das machen sie, indem sie sich an ein Rezept halten, das aus zwei Teilen besteht. Und dieses Rezept könnten wir, wenn wir wollten, auch hier auf unserem Planeten anwenden.

Diese Wesen leben gegenwärtig weitgehend nicht auf diesem Planeten. Ich habe noch kaum hochentwickelte Wesen bei uns beobachtet – mögliche Ausnahmen sind die, die in den Hallen des Kongresses wandeln …

… das war ein Witz.

Also, die hochentwickelten Wesen gehen folgendermaßen vor. Teil eins: Sie beobachten, was ist, und sagen, was ist. Zum Beispiel beobachte ich: Sie sitzen dort auf einem Stuhl. Und wir sprechen miteinander. Oder ich beobachte: Das Fernsehen zeigt sehr viel Gewalt. Und Kinder verbringen sehr viel Zeit vor dem Fernseher, und dann agieren die Kinder dieses gewalttätige Verhalten aus. Das ist, was ist. Oder Tabak kann Krebs verursachen. Und weil er Krebs verursachen kann, ist das Kauen oder Rauchen von Tabak wahrscheinlich nicht das Gesündeste auf der Welt. Das ist, was ist. Ich beobachte also, was ist, und sage es dann. Das heißt, ich sage die Wahrheit darüber.

Auf diesem Planeten weigern sich die meisten Menschen, wenn sie beobachten, daß etwas ist, zu verkünden, was sie sehen. Tatsächlich sagen sie manchmal genau das Gegenteil von dem, was sie sehen, aus Angst, jemanden zu verletzen oder etwas von sich selbst preiszugeben, das sie niemanden wissen lassen möchten. Wir beobachten also auf diesem Planeten, was ist, und dann lügen wir in dieser Sache. Das ist das bei den meisten Menschen übliche Verhalten, und auch in den politischen und religiösen Institutionen und so weiter ist es allgemein verbreitet.

Wenn die Nachkommenschaft in hochentwickelten Gesellschaften sich nicht gewalttätig verhalten soll, weil das nicht funktioniert, dann tun die Eltern das, was funktioniert, und setzen ihre Kinder nicht irgendwelcher Gewalt aus. Von daher wäre es in einer hochentwickelten Gesellschaft ein Unding, die Kinder vier bis acht Stunden am Tag vor eine Kiste zu setzen und ihnen genau das vorzuführen, was sie nicht tun sollen. Sie sehen, es ist wirklich ganz einfach. Es ist geradezu lächerlich einfach.

Wir in unserer Gesellschaft machen eine erstaunliche Anzahl von Dingen, die nicht funktionieren. Und nicht etwa deshalb, weil wir es nicht besser wüßten. Der Irrsinn ist, daß wir durchaus wissen, daß bestimmte Dinge nicht funktionieren, sie aber trotzdem tun. Zum Beispiel setzen wir unsere Kinder täglich stundenlang vor diese Kiste, wo sie gewalttätiges Verhalten vorgeführt bekommen, und dann erwarten wir, daß sie dieses Verhalten nicht nachahmen.

Wir wissen, daß es nicht funktioniert, in Verfolgung spezifischer Interessen riesige Geldsummen in das politische System zu pumpen und dann zu erwarten, daß dieses politische System vorurteilslos und unparteiisch agiert. Wir tun es trotzdem.

Wir wissen, daß es nicht funktioniert, jeden Tag große Mengen rotes Fleisch zu verzehren und dann zu erwarten, daß unser Körper gesund bleibt. Wir tun es trotzdem. Wir wissen, daß Rauch Krebs erzeugt, und rauchen trotzdem. Ich könnte noch Hunderte solcher Beispiele nennen – wahrscheinlichTausende, wenn ich darüber noch weiter nachdächte.

Nun, ein intelligentes Wesen muß sich hier fragen: Warum? Warum sollten wir weiterhin diese

Dinge tun, wenn wir doch wissen, daß sie ganz einfach nicht funktionieren. Die Antwort darauf lautet: Ich glaube nicht, daß wir den Mut haben, unsere Überzeugungen auch zu leben. Ich glaube, wir finden es bequemer, das eine zu sagen und das andere zu tun. Ich glaube nicht, daß uns wirklich daran liegt, die höchste Version dessen, was und wer wir sind, zum Ausdruck zu bringen. Ich glaube, wir sind sehr unreife Wesen.

Im Grunde sind wir im Vergleich zu anderen fühlenden Wesen im Universum ziemlich primitiv. Wir bringen ganz einfach nicht die Willenskraft auf, eine Wahl im höchsten Sinn zu treffen. Aber wir sind auf dem Weg. Wir fangen an, uns zu verändern. So langsam tritt hier ein Wandel ein, da mehr und mehr Menschen die Dinge, über die ich hier spreche, in Frage stellen. Und wir beobachten nun auch endlich insofern eine gewisse spirituelle und ethische Führerschaft auf diesem Planeten, als wir nun in größerer Anzahl aufstehen und sagen können: »He, das funktioniert nicht. Es funktioniert ganz einfach nicht.« Warum unternehmen wir also nicht mal etwas Interessantes: Warum stoppen wir es nicht ganz einfach?

Würden Sie bitte etwas zur Rolle der Frauen und darüber hinaus zur Rolle des Weiblichen im neuen Jahrtausend sagen?

Nun, ja – das ist ein gewaltiges Thema. Und ich bin mir nicht ganz sicher, was genau Sie darüber hören wollen. Aber ich möchte folgendes dazu sagen. An einem Punkt unserer Geschichte auf diesem Planeten waren wir in unseren gesellschaftlichen Machtstrukturen weitgehend von einer Energie beherrscht, die ich die weibliche Energie nennen werde. In dieser matriarchalen Epoche waren es die Frauen, die die Entscheidungen trafen, die Institutionen leiteten und die Dinge im großen und ganzen so machten, wie sie es wollten. Und das ging so nicht nur für eine kurze Zeit, sondern für eine ziemlich lange Phase. Dann fand nach einigen Tausenden von Jahren eine Art Paradigmenwechsel statt, und wir landeten bei dem, was wir ein Patriarchat nennen, wo die Männer das Sagen hatten, die Institutionen leiteten, Machtzentren aufbauten und so weiter. In beiden Systemen gab es entweder nur das eine oder nur das andere.

Und nun, da wir in dieses neue Jahrtausend eintreten, sehen wir ein drittes Paradigma, eines, nachdem wir uns schon all diese vielen Tausende von Jahren sehnen. Eine neue Konstruktion und ein neues Paradigma, in dem sich das Männliche und Weibliche miteinander verbunden fühlen, und in dem die Rollen, die Männer und Frauen traditionellerweise voneinander trennten, nicht länger klar definiert oder geschlechtsspezifisch zugewiesen werden – Gott sei Dank.

Die Macht wird künftig in zunehmendem Maße zwischen Männern und Frauen geteilt werden. Und wir werden erleben, daß sich weltweit mehr und mehr Frauen in Positionen begeben, in denen sie Einfluß, Macht und Autorität haben, in denen sie sich kreativ entfalten und Einfluß auf die Gesellschaft nehmen können.

Das zeigt sich schon jetzt, und der Tag wird kommen, an dem wir einen weiblichen Präsidenten, einen weiblichen Papst (man stelle sich vor) und Frauen in allen bislang ausschließlich von Männern besetzten Positionen haben werden. Ein segensreicher Tag! Dann werden sowohl Männer wie Frauen fast beliebig diese Positionen einnehmen. Das wird uns zum Segen gereichen, weil wir dann eine wirkliche Balance haben.

Eine Balance, die wir schon seit sehr, sehr langer Zeit anstreben. Und wir werden sie im Kontext des Gesamtplans der Dinge, der Geschichte des Universums, in relativ kurzer Zeit erreicht haben.

Ein paar tausend Jahre sind in Relation zu den Milliarden Jahren der Geschichte des Universums ziemlich wenig. Also war der *Homo sapiens* ziemlich rasch mal hier und mal dort und fängt nun an, zu einer Balance zu kommen. Und obschon es sich im Rahmen unserer persönlichen Erfahrung wie eine sehr, sehr lange Zeit ausnimmt, handelt es sich doch nur um einen Wimpernschlag, nur ein Wispern im Leben des Universums. Wir haben also jetzt diesen Ort des Gleichgewichts gefunden, oder fangen an, zu ihm zu finden. Und das sehen wir in der Politik, das sehen wir in den Konzernen, das sehen wir im Grunde überall. Es freut mich, auf den Flügen in ganz Amerika nun auch männliche Flugbegleiter zu sehen. Das war vormals eine rein weibliche Angelegenheit, aus Gründen, die mir nie ganz einsichtig waren. Nun ändert sich das.

Mein Zahnarzt ist eine Frau, und sie ist eine wunderbare Zahnärztin. Als ich fünf oder auch zehn Jahre alt war, konnte man unter tausend Zahnärzten keine einzige Zahnärztin finden. Wir sehen nun also überall diese Veränderungen in den Berufssparten, die vormals nur Männern oder

Frauen vorbehalten waren. Und vielleicht erlauben wir uns eines Tages sogar, weibliche Priester zu haben. Wäre es nicht schön, auch in den orthodoxen oder fundamentalistischen Kirchen weibliche Rabbis und weibliche Geistliche zu sehen?

Wir werden also bald anfangen, uns diese Machtpositionen auch in unseren hochheiligsten Institutionen zu teilen: im Bereich der Religion, der Politik und auf anderen einflußreichen Gebieten. Und dieser Tag möge gesegnet sein, wie ich schon sagte, denn wir haben bisher nur ein halbes Leben geführt.

Gott weiß, daß die Männer in den letzten Tausenden von Jahren diesen Planeten nicht gerade gut verwaltet haben. Wir waren nicht sehr effektiv. Und wir brauchen diese Art von Ausgewogenheit, die weibliche Energie der Erkenntnis und Geduld, des Mitgefühls, des tiefen Gewahrseins und der außergewöhnlichen Sensibilität für die menschliche Erfahrung. Die ist Teil der weiblichen Erfahrung und weiblichen Energie in uns allen. Und ich hoffe, daß wir sie nähren, hegen und pflegen und weiterhin als größten Bestandteil dessen, was wir sind, gedeihen lassen.

Wie haben Sie entdeckt, wer Sie sind?

Die überwiegende Mehrheit der Menschen auf Erden muß sich heute nicht mehr primär auf das Überleben von Tag zu Tag konzentrieren. Für einige – zu viele, offen gesagt – gilt das zwar immer noch, aber nicht mehr für die überwiegende Mehrheit. Was steht statt dessen im Vordergrund? Die Kernfrage, die sich den Menschen heute stellt, ist nicht die Frage nach dem Überleben, sondern: »Wer ist es eigentlich, der hier überlebt? *Wer bin ich?*« Der denkende Mensch möchte das wissen, bettelt darum, es zu wissen. Das ist keine hohle Frage. Das ist eine wichtige Frage, weil die meisten Menschen keine Ahnung haben, wer sie sind. Ich meine, ich hatte bis vor sehr, sehr kurzer Zeit keine Ahnung, wer ich bin.

Schauen Sie, als ich sechzehn war, dachte ich, ich sei mein Haar. Das ist wahr. Ich dachte, ich sei mein Haar, und wenn es sich am Morgen nicht genau so legte, wie ich es haben wollte, schmiß ich die Bürste ins Waschbecken und weigerte mich, aus dem Haus zu gehen, weil so niemand wissen würde, wer ich bin.

Im Grunde hat sich im Lauf der Jahre nicht viel daran geändert. Ich wache manchmal immer noch morgens auf und denke, ich bin mein Haar.

Aber als ich achtzehn wurde, merkte ich, daß ich nicht mein Haar war. Ich trat mit der ganzen Weisheit meiner damaligen Lebensphase in mein achtzehntes Lebensjahr ein. Und ich sagte mir: »Ist es nicht verrückt, daß ich einmal dachte, ich sei mein Haar? Natürlich bin ich nicht mein Haar.« Mit achtzehn erkannte ich die Wahrheit: Ich bin mein Auto. Ich *wußte,* daß ich mein Auto war, weil ich spüren konnte, daß andere Jugendliche sich aufgrund des Autos, das ich gerade fuhr, eine Vorstellung von meiner Person machten. Einmal funktionierte mein Auto nicht, und mein Vater bot mir an, für den Abend das seine zu nehmen.

»Bist du verrückt?« fragte ich. »Nicht ums Verrecken würde ich dein Auto nehmen.« Ich meine, dann würde ja niemand wissen, *wer ich bin*.

Mein Vater fuhr ein Oldsmobile.

Heute fahre ich ein Oldsmobile.

Und die Sünden der Väter werden auf ihre Söhne überkommen.

Aber als ich einundzwanzig wurde, wuchs ich aus all dem heraus. Als ich einundzwanzig wurde, überkam mich große Weisheit. Und ich merkte: »Warte mal einen Moment, ich bin nicht mein Haar. Ich bin nicht mein Auto. Das ist doch verrückt.« Mit einundzwanzig erkannte ich die Wahrheit. Ich bin die Frau an meiner Seite.

Dieses Spiel »Ich bin die Frau an meiner Seite« spielte ich sehr lange. Es war ein köstliches Spiel.

Ich *wußte,* daß ich die Frau an meiner Seite war. Ich konnte die Gedanken der anderen Menschen um mich herum spüren. Ich konnte fühlen, wie sich meine *eigenen* Gedannken, meine eigenen Vorstellungen von mir veränderten je nachdem, mit welcher Frau ich gerade Arm in Arm ging oder nicht.

Ich lebte also »Ich bin die Frau an meiner Seite« sehr, sehr lange Zeit. Und dann wachte ich eines Morgens auf und dachte: »Warte mal einen Augenblick, es kann nicht sein, daß ich die Frau an meiner Seite bin, denn dann muß ich eine multiple Persönlichkeit sein.« Denn sehen Sie, es waren so viele Frauen. Mir wurde also klar, daß es da noch etwas Größeres geben mußte. Wer bin ich? Das möchte der Geist unbedingt wissen.

Dann wurde mir alles klar. Ich muß Ende Dreißig oder Anfang Vierzig gewesen sein, als es mir dämmerte. Ich kann mich noch daran erinnern, weil mein Vater eine entsprechende Bemerkung machte. »Das Kind ist endlich erwachsen geworden«, sagte er. Denn ich hatte beschlossen, und alle meine darauffolgenden Aktivitäten ließen darauf schließen, daß ich meine Arbeit bin. Eine Schlußfolgerung, zu der so viele Männer und auch manche Frauen an diesem Punkt ihres Lebens gelangen. Und Junge, ich habe dieses Spiel voll und ganz gespielt. Ich bin mein Job. Ich meine, Sie wissen, wie das aussah? Es sah so aus: He, he, he, es ist mein Job; es ist meine Arbeit; ich muß, ich habe keine Wahl, das ist meine Arbeit.

Dann erwachte ich auch aus dieser Unwirklichkeit. Eines Tages warf ich einen Blick auf mich und sagte: »Warte mal eine Minute. Ich kann nicht mein Job sein. Ich bin schon siebenmal gefeuert worden. Wer bin ich also? Wer bin ich? Wenn ich nicht mein Job bin …«

Dann kam endlich die Antwort: »Natürlich bin ich nicht die Frau an meiner Seite oder meine Arbeit oder mein Auto. Ich bin meine Familie!« Nun sagte meine *Mutter*: »Er ist endlich erwachsen geworden.« Denn ich wurde *endlich* verständig. Ich ordnete meine Wertvorstellungen neu, und ich spielte das Spiel namens »Ich bin meine Familie«. Ich bin meine Kinder und meine Ehefrau und die von mir geliebten Personen. Das ist es, wer ich bin. Auch dieses Spiel spielte ich voll und ganz.

Das sah dann so aus, wie ich mich gut entsinne, daß ich keinen Job in einem anderen Distrikt annahm, weil das nicht gut für die Familie war. Ich weigerte mich sogar, ein Haus zu kaufen, das mir sehr gut gefiel und nur ein paar Blocks weiter entfernt war, weil es sich im falschen Schulbezirk befand. Ich traf große Lebensentscheidungen, wirklich wichtige Entscheidungen, die sich auf die Vorstellung gründeten, daß ich meine Familie war.

Dann kam ich eines Tages von einer Arbeit nach Hause, die mir verhaßt war, von einem Leben stiller Verzweiflung, das ich führte, machte die Haustür auf und stellte fest, daß das Haus total leer war. Nicht nur die Menschen waren daraus verschwunden, sondern auch die Möbel. An diesen Augenblick kann ich mich noch sehr gut erinnern.

Das ist übrigens eine wahre Geschichte. Ich erfinde sie nicht. Ich erinnere mich an diesen Moment, als sei er gestern gewesen. Ich öffnete die Tür, und das Haus war leer. Mein erster Gedanke war: »Mein Gott, wir sind ausgeraubt worden.« Aber niemand bricht am hellichten Tag in ein Haus ein und nimmt sämtliche Möbel mit. Abgesehen davon waren nicht alle Möbel und Dinge verschwunden. Ich sah mich um, und da in der Ecke stand eine alte Stereoanlage, die ich in die Ehe mit eingebracht hatte. Da stand auch noch der Couchtisch von mir aus alten Junggesellentagen, und es lagen auch noch ein paar andere Sachen von mir herum.

Dann dämmerte mir, was sich ereignet hatte. Aber ich konnte es immer noch nicht glauben. Ich raste hinauf ins Schlafzimmer und machte ihren Teil des Schrankes auf. Alle ihre Kleider waren verschwunden. Ich machte meinen Teil des Schrankes auf. Alle meine Klamotten waren noch da. Da erkannte ich die schreckliche Wahrheit: Der Dieb war eine Frau.

Es ist schon erstaunlich, was unser Verstand alles anstellt, um uns daran zu hindern, sich das, was sich genau vor unserer Nase abspielt, anzuschauen. Ich konnte nicht mehr darüber lachen. Ich ging hinunter, setzte mich auf den Teppich im fast leeren Wohnzimmer und rief: »Mein Gott, was hast du mit mir vor? Und wer bin ich?«

Sehen Sie, ich dachte, ich sei all das. Ich dachte, ich sei all dieses Zeug. Und nun war all dieses Zeug verschwunden. Wer bin ich? Der ewige Aufschrei der menschlichen Seele. Wer bin ich?

Die Antwort findet sich nicht außerhalb von uns. Ganz offensichtlich findet sie sich nicht in den Menschen und Orten und Dingen unseres Lebens. Die Antwort liegt im Innern. Und das ist die ganze Botschaft von *Gespräche mit Gott*.

Ich möchte Ihnen allen sagen, was für eine große Freude es für mich war, diese Augenblicke mit Ihnen zu teilen. Wie gut und schön es war, hier mit Ihnen zur selben Zeit am selben Ort zu sein. Und ich möchte Sie dazu ermuntern, nun hinauszugehen und die Welt mit der tiefsten Wahrheit zu berühren und jedermann zur Erkenntnis seines wahren Wesens zu bringen. Geben Sie die Menschen sich selbst zurück, und lassen Sie uns gemeinsam die Welt unserer großartigsten Vision erschaffen.

Seid gesegnet.

Zum Abschluß

Wenn wir ganzheitlich leben, leben wir auch heilig. Fünfundzwanzig Jahre lang habe ich nach Möglichkeiten gesucht, mein Leben als ganzheitliche Person, als ein integriertes Wesen zu leben. Meine erste Erkenntnis war diese: Wenn ich ein integriertes Leben leben will, muß ich mich bei weitem mehr in meine Umwelt integrieren. Das heißt, ich muß eins mit ihr werden und sie so behandeln, als wäre sie ein Teil von mir. Ich darf sie nicht als etwas behandeln, von dem ich getrennt bin und das von mir getrennt ist.

Ganzheitlich zu leben heißt mir bewußt zu sein, daß ich *Teil eines ganzheitlichen Systems, eines ganzheitlichen Gedankens, einer ganzheitlichen Realität* bin. Und daß alles, was ich denke, sage und tue, diese Realität beeinflußt, ja sie sogar auf einer bestimmten Ebene erschafft. Ich kann nicht länger so tun, als ob das eine nichts mit dem anderen zu tun hätte. Daß zum Beispiel das Rauchen oder der Verzehr von rotem Fleisch nichts mit meiner Gesundheit zu tun hat. Daß zum Beispiel die Qualität der Luft, die mich umgibt, nichts mit der Qualität meines Lebens zu tun hat. Daß mein Denken, Sprechen und Handeln nichts damit zu tun hat, wie ich meine Zukunft erfahre. Daß die Art meiner Interaktion mit meiner Umwelt nichts damit zu tun hat, wie lange ich noch in ihr leben darf und kann.

So habe ich gelebt, bevor ich verstand, was mit ganzheitlich gemeint ist. Ich habe nicht begriffen, was es bedeutet, daß ich ein Rädchen in einem ungeheuer großen Rad bin. In dieser Hinsicht war ich vielen, vielleicht sogar den meisten Menschen ähnlich.

Obwohl die allgemeine Bewußtseinsebene heute höher ist, scheint immer noch für viele

Menschen eine riesige Lücke zwischen ihren momentanen Entscheidungen und Handlungen und den sich daraus ergebenden Auswirkungen zu klaffen. Doch bei einem ganzheitlichen Leben geht es darum, daß wir alle Auswirkungen, die sich in Zukunft ergeben, mit in Betracht ziehen. Es geht darum, daß wir eins mit Gott werden, mit unserer Umwelt, mit unseren Reisegefährten auf dieser außergewöhnlichen Reise, und mit unserem eigenen Selbst.

So viele von uns sind nicht integriert. Das heißt, wir sind gespalten, zerstückelt. Wir fallen auseinander. Zerfallen in Stücke. Und das tut auch die Umwelt, in der wir unser zerstückeltes Leben führen.

Doch jetzt werden wir uns zumindest unseres Zustands bewußt. Und viele von uns treffen eine andere, eine neue Wahl und erschaffen sich selbst aufs neue in der nächstgrößten Version der großartigsten Vision, die wir je über Wer-wir-Sind hatten. Ich möchte Ihnen hier ein paar Projekte vorstellen, die uns meiner Ansicht nach bei unserem Prozeß des Um- und Aufbaus einer kollektiven Realität von wunderbarem Nutzen sein können.

Ich möchte Ihre Aufmerksamkeit auf das *Institute of Ecolonomics* und die inspirierende Arbeit von Dennis Weaver lenken. Dennis prägte diesen Begriff, in dem Ökologie und Ökonomie miteinander verschmelzen und sich seine Überzeugung ausdrückt, daß wir jetzt auf unserem Planeten unter anderem eine neue Ökonomie entwickeln müssen, die unsere Ökologie bewahrt und beschützt, und eine neue Art des Schutzes unserer Ökologie, die unsere Ökonomie bewahrt und gedeihen läßt.

Wie in allen Bereichen des ganzheitlichen Lebenssystems gilt, daß wir nicht in dem einen Bereich etwas tun können, ohne daß es sich auf die anderen Bereiche auswirkt – obwohl wir immer noch so tun, als ob wir das könnten.

Dennis' Traum und der Traum vieler Tausender

im ganzen Land und überall auf der Welt, die sich ihm anschließen, ist es, zu erleben, daß *Ecolonomics* zu einer neuen Lebensweise wird; zu erleben, daß es tatsächlich als Bestandteil des Lehrplans in unseren Schulen gelehrt wird. Inzwischen stehen Öffentlichkeitsarbeit, Aktionen und das Engagement von Führungspersonen aus Handel, Industrie und aus der Umweltbewegung in gemeinsamen Initiativen ganz oben auf der Tagesordnung des Instituts. Wenn Sie gerne mehr darüber erfahren möchten, wie Sie Dennis Weaver (und seiner Freundin, der Erde) beistehen können, dann wenden Sie sich an:

The Institute of Ecolonomics
Post Office Box 257
Ridgway, Colorado 81432
USA

Ein ganzheitliches Leben erfordert auch, daß wir mit uns selbst Freundschaft schließen. Wir müssen von einem neuen Seinszustand ausgehen, von einer neuen Klarheit darüber, wer wir sind und zu sein wählen, und von einer neuen Entschlossenheit, dies auch in der Welt zu demonstrieren. Wenn ein hoher Seinszustand in Handeln umgewandelt wird, verschwinden die Kämpfe aus unserem Leben. Wir haben unser inneres und äußeres Selbst integriert.

Als ich das in den Bänden von *Gespräche mit Gott* las, wollte ich unbedingt wissen, wie man das erreicht; wie ich meine Aktivitäten in der alltäglichen Arbeitswelt in einen geheiligten Ausdruck dessen, wer ich wirklich bin, umwandeln kann. Das Ergebnis war die Inspiration zur Herausgabe eines Büchleins mit dem Titel *Bringers of the Light*, das jene, die es gelesen haben, dieses Rätsel in ihrem Leben einigermaßen verstehen ließ, wie sie mir sagten.

Dieses Buch ist bei *ReCreation* erhältlich, der gemeinnützigen Stiftung, die Nancy und ich vor ein paar Jahren einrichteten, um mit der überwältigenden Reaktion umzugehen, die auf die Veröffentlichung von *Gespräche mit Gott* folgte.

Wenn Sie nach einer interaktiven Erfahrung suchen, so bietet die Stiftung jedes Jahr drei fünftägige Intensivkurse an: »Recreating Your Self«. Sie gründen sich auf die Botschaften von GMG und sind vor allem für jene Personen gedacht, die sich ihre gegenwärtigen Lebenserfahrungen sehr genau ansehen und nach Möglichkeiten suchen, eine wirkliche Veränderung herbeizuführen und ein ganzheitlicheres Leben zu leben.

Wenn Sie mehr Informationen zu diesen Retreats erhalten möchten, schreiben Sie bitte an:

CWG Recreating Your Self Retreats
ReCreation Foundation
PMB # 1150
1257 Siskiyou Blvd.
Ashland, OR 97520
USA

Zudem werden viele Fragen zum Thema ganzheitliches Leben – und zu allen Themen, die in den Bänden von *Gespräche mit Gott* abgehandelt werden – in dem regelmäßig erscheinenden Newsletter der Stiftung angesprochen. Der Newsletter enthält Fragen von Leserinnen und Lesern aus aller Welt. Ich beantworte jeden Brief persönlich. Diesen Newsletter können Sie abonnieren. Senden Sie für ein internationales Jahresabonnement US-$ 45 an die Stiftung.

Zuletzt möchte ich Sie noch auf zwei Bücher hinweisen: Im Verlag Hampton Roads gibt es eine wunderbare Sammlung der besten Fragen und Antworten aus den vergangenen fünf Jahren mit dem Titel *Questions and Answers on Conversations with God.* Dieses Buch und das *CWG Guidebook* (die deutsche Ausgabe wird im Goldmann-Verlag erscheinen) sind zwei der hilfreichsten Bücher für all diejenigen, die wirklich nach einem umfassenderen Verständnis des Materials von *Gespräche mit Gott* streben und praktische Wege zu dessen Umsetzung im Alltag finden wollen.

Ich hoffe, daß wir alle durch diese und andere Mittel mehr über das ganzheitliche Leben lernen, daß wir verstehen, was es wirklich bedeutet und wie wir es erfahren können. Es gab einmal eine Zeit, in der wir alle in dieser Weise gelebt haben. Wir durchlebten unsere Tage und Zeiten und fühlten uns ganz und heil, lebten ganz und heil und waren ganz und heil. Wir begriffen uns als Teil eines ganzheitlichen Systems und taten als einzelne nichts, was sich negativ auf das Kollektiv ausgewirkt hätte. Wenn wir an diesen Ort zurückkehren können, können wir unser Leben und auch die Welt heilen.

Seid gesegnet.